Cristina Jimena

El Club de la Gente Feliz

Una conmovedora historia sobre las segundas
oportunidades en la vida

El Club de la Gente Feliz

© Mª Cristina Jimena Marín

http://www.elclubdelagentefeliz.com

http://www.facebook.com/elclubdelagentefeliz

@CristinaJimena1

ISBN: 978-3-00-050718-2

Otros libros de la autora: "Y de pronto cambió mi vida"
(Editorial ECU, http://www.ecu.fm/cjimena)

A Michael.

Porque la vida junto a él es mi mayor inspiración.
Pero, sobre todo, porque este libro es de los dos.
Una historia escrita a cuatro manos y con dos corazones.
Gracias, amor mío, eternamente, gracias.

PRIMERA PARTE

Capítulo 1: Cima

Agosto de 2003

Estoy sentado en la cima del monte Geissalphorn y disfruto de las vistas. Hacia el horizonte. Genial.

Me siento bien. Llevo tanto tiempo anhelando esta sensación.

Miro hacia el valle, respiro profunda y tranquilamente, sonrío y pienso: «no he llegado».

Capítulo 2: Llegar

Algunas personas se hacen mayores y se consuelan pensando que "han llegado", es decir, que han cumplido.

Otros, al envejecer aceleran el paso para "llegar" también cuanto antes.

Yo no necesito ni consuelo, ni presión. Pues "llegar" no es mi meta en absoluto.

Agosto de 1998

Qué extraño. Antes prácticamente nunca había oído la frase "yo ya he cumplido". De un tiempo a esta parte parece que me persigue constantemente. Sobre todo en los cumpleaños de mis amigos cincuentones. En cada discursito que el gracioso de turno dedica al cumpleañero, mientras que todos los invitados muestran su conformidad, asintiendo con un estúpido rictus en los labios. Algún día uno tiene que haber cumplido. De lo contrario, es que algo has hecho mal en tu vida.

Echo un vistazo a mi grupo de amigos. Todos en la flor de la vida, como se suele decir. Alrededor de los cincuenta. Veo sus satisfechas sonrisas y siento su insatisfacción. Algo ha cambiado. Nada es como antes. Algo falla.

Tras la típica presentación de toda la vida del cumpleañero en una pantalla gigante –desde las fotos en pañales en blanco y negro, pasando por sus momentos "a lo Indiana Jones", hasta la última foto en chandal y zapatillas de ir por casa que le hizo su hijo pequeño el domingo pasado en el jardín de su casa–, surgen animadas conversaciones:

–¡Qué fotos tan chulas! ¡Les ha quedado precioso!

–Menudo barrigón le ha salido. ¡Con lo flacucho que estaba de joven!

–Ni le había reconocido en las fotos con el pelo largo.

–Porque es calvo desde hace ya tanto tiempo, que ni nos acordamos de cómo era.

–El tiempo pasa para todos...

–Y que lo digas. Yo antes podía comer todo lo que quería. Pero hoy día engordo solo de mirar la comida. En casa no comemos más que verduritas. Esta noche estamos haciendo una excepción, claro. Pero mañana nos espera la dieta de la alcachofa.

–Nosotros también estamos haciendo régimen, ¿verdad, cariño? Pero este banquete es fantástico. A ver quién se resiste a estas delicias. ¿Habéis probado la *mousse* de chocolate?

–¿Estás loca? ¡Un platito como ese tiene 500 calorías! Para quitármelas de encima tengo que pasarme una hora en el gimnasio. Pero, por desgracia no puedo en estos momentos porque tengo problemas con las rodillas.

–Te puedo recomendar un buen ortopeda. A mí me ayudó bastante con mi dolor de espalda.

–Por favor, no me habléis de médicos. Solo quieren sacarnos el dinero. Por cierto, ¿cómo llevas el colesterol? ¿Te ha bajado ya?

–Todavía por la nubes: 240. Haga lo que haga, no baja.

–Eso es porque es genético.

–¡Qué bueno está este Rioja! ¡Salud!

–¡Por el cumpleañero! ¡*Salut i força al canut*!

–Eso, eso, *força al canut*, que seguro que falta le hace a este carrozón.

–Bueno, tampoco es tan mayor. Tú no eres mucho más joven.

–Y la edad también tiene sus ventajas. Mira todo lo que ha alcanzado. Unos hijos estupendos, un trabajo fijo, que en los tiempos que corren no es cualquier cosa, un piso monísimo...

–No se puede quejar.

–Pues sí, este ya ha cumplido en la vida.

–¡Brindo por eso! ¡Y por todos nosotros!

–A propósito, ¿dónde está el solterón de oro? ¿Por qué no ha venido?

–¡Ah, sí! Seguro que está trabajando. Ese no va a tener nunca su vida bajo control. Me he enterado de que ya ha vuelto a cambiar de novia.

–Pero esta vez dicen que la cosa va en serio. Al parecer le ha pedido que se case con él.

–¡Ya va siendo hora, con sus 48 tacos!

–Además se ha comprado un piso nuevo.

–¿Y para qué le sirve si nunca está en casa?

–Bueno, no puede seguir toda la vida como hasta ahora. Algún día tiene que sentar la cabeza.

–¿Ese? ¡Jamás! Pero si acaba de cambiar de empresa y curra más que nunca. Como si le faltara el dinero...

–No lo hace por dinero. ¿Qué más tiene en la vida, aparte del trabajo?

–Yo creo que él también se ha dado cuenta de lo vacía que está su vida. Parece que por fin se está dando prisa en "llegar" adonde hemos llegado nosotros.

–¿De verdad lo crees?

–¡Claro! ¿Por qué si no está trabajando como un loco últimamente? Pues porque tiene planeado casarse dentro de poco y empezar a relajarse. Seguro que pronto entrará en razón y por fin volveremos a verle todos los jueves en el club social.

–¡Entonces, brindemos por eso!

–Díos mío, ¿habéis visto qué hora es? Ya son las dos y media de la noche.

–¿Nos vamos ya, cielo?

–Nosotros también nos vamos. Si no, no hay quien me levante mañana. Antes aguantaba mucho más. ¿Te acuerdas de nuestras fiestas de estudiantes? A las cuatro de la mañana empezábamos a calentar motores. ¡Y la cantidad de cubatas que éramos capaces de bebernos!

–Si te sirve de algo, a mí me pasa lo mismo que a ti. Si bebo mucho, al día siguiente estoy hecho polvo. Si por lo menos pudiera dormir hasta las tantas como antes... Pero mi reloj interior me despierta cada día a las siete.

–Claro mi amor, porque tienes que ir al váter todos los días a la misma hora.

–El intestino necesita su regularidad. Al menos yo no padezco de estreñimiento.

–Ay, por favor, no saquéis ese tema. Cada vez que me voy de viaje me paso varios días sin poder ir al baño.

–Hablando de viajes, ¿no queríais hacer el Camino de Santiago el año pasado? Al final no lo hicísteis, ¿verdad?

–Lo aplazamos de nuevo. Nunca tenemos tiempo. No podemos irnos los dos a la vez de la empresa. Y mucho menos para cuatro semanas.

–Pero tenéis bastantes empleados, ¿no?

–Sí, pero mi marido se cree irreemplazable.

–¿Y que haréis si algún día se pone enfermo para mucho tiempo?

–Buena pregunta. Siguiente pregunta, por favor.

–Chicos, sois iguales que el cumpleañero. ¿Recordáis todas las cosas que quería hacer en su vida y no ha hecho? Viajar por toda la India en plan mochilero, una vuelta al mundo en velero, comprar una finca con viñedos y producir su propio vino... Nada de todo eso ha realizado. ¿Que "ha cumplido"? ¡Ni hablar!

–Y ahora es demasiado tarde. Con 50 uno ya no hace esas cosas.

–Quizás es mejor así. ¿No es muy peligroso dar la vuelta al mundo en velero? ¡La cantidad de cosas que te pueden pasar! Y todas esas enfermedades en la India: malaria, fiebre amarilla, hepatitis... Y de viticultura no tiene ni idea. Aquí, dedicándose a lo suyo, tiene una vida mucho más cómoda.

–Sí, pero siendo sinceros: ¿realmente es esta la vida que deseaba? ¿Es feliz?

–¿Y qué significa ser feliz? ¿Quién puede afirmar que siempre es feliz? Lo que cuenta es estar satisfecho.

–Y, ¿está satisfecho?

—Bueno, creo que sí, ¿no?

—No tengo ni idea, supongo que sí. Al menos no se queja.

—Aunque, fijándome bien en él, yo diría que ha perdido el brillo en los ojos.

—Pues, ahora que lo dices, la alegría de la huerta no es...

—Es cierto. Más bien parece aburrido.

—Lo que yo creo es que se ha conformado con su destino. Y eso es muy importante en la vida. Todos esos sueños inútiles no llevan a nada.

—Además, todavía puede hacer muchas cosas cuando se jubile. Los 15 años que le faltan para la jubilación pasarán volando, y entonces, ¡a disfrutar de la vida! ¿No?

Capítulo 3: Cumpleaños

Agosto de 2003

Sigo sentado en la cima del monte Geissalphorn y miro hacia atrás. Genial.

Desde aquí arriba el ascenso se ve jodidamente escarpado. Menos mal que no lo sabía antes de subir. Pero ahora estoy aquí. Simplemente, lo he hecho. Fin de la primera parte. ¿Cómo será el descenso?

Voy a quedarme aquí sentado un rato, disfrutando de la felicidad. El maravilloso aire puro de la montaña. Las vistas hacia el Valle de Oberstdorf. La tranquilidad. La naturaleza. Las nubes, casi al alcance de la mano. La energía y la extenuación. Y las ansias de continuar. Quedan tantos caminos por recorrer. Nada de "llegar". Nada de "estar satisfecho". Yo quiero más: la verdadera felicidad. Esa sensación poderosa y sobrecogedora que te hace gritar: ¡¡me siento bien!!

En estos momentos de agotamiento, reflexiono sobre lo que he dejado atrás: en el valle; en la vida. Observo de nuevo la subida: la idílica aldea de montaña con sus típicas casitas; las románticas cabañas de madera junto al inclinado camino; el frondoso bosque de un verde profundo que, conforme avanzas hacia arriba, se va convirtiendo paso a paso en un paraje pedregoso, salpicado de resistentes arbustos de alta montaña; el difícil y vertiginoso sendero que conduce a la cumbre.

Justo a mi lado, el abismo. Infinitamente profundo, atrayente y atemorizante a la vez. Como un *dejà vu*, siento la caída. La gravedad. El miedo al impacto.

Cierro los ojos para poder ver mejor. Intensos recuerdos se despiertan.

Agosto de 1998

Todo empezó el día en que decidí no ir nunca más a una fiesta de cumpleaños. Y, por descontado, jamás celebrar el mío "a lo grande". De eso hace ya cinco años. Allí estaba yo, en la última celebración a la que he asistido del 50 aniversario de un viejo amigo, rodeado de muchos más. Todos los que eché de menos en el hospital...

Todavía estaba bajo los efectos de la conmoción. Los acontecimientos de las últimas semanas habían sido demasiado graves como para poder olvidarlos, aunque solo fuera por un instante. Allí estaba, en la fiesta, acompañado de gente y, sin embargo, completamente solo.

A altas horas de la madrugada, por fin "comprendí". Las conversaciones: suficientemente ridículas para una comedia. Sumamente inspiradoras. Las personas: una caricatura de sí mismas.

Allí está "la Belleza de la Universidad", 30 años después.

Su cabello largo y rubio de bote cae ralo y sin brillo sobre sus huesudos hombros. Las incontables horas en el gimnasio y su severo régimen no le sientan nada bien. Solo ella parece no darse cuenta. Los nocivos efectos del solárium han dejado huellas en su piel. De joven siempre muy bronceada, hoy excesivamente maquillada, en un vano intento de ocultar las manchas de su rostro.

Su aspecto físico parece ser lo más importante para ella; quizás le ayuda a disimular su desasosiego interior y su desesperación. Sonríe con inseguridad. Habla demasiado, bastante agitada y, desde hace poco, de un modo muy raro, probablemente como consecuencia de las inyecciones de *botox* que paralizan sus facciones. Formula preguntas y no escucha las respuestas. Se toca constantemente el cabello. Fuma un cigarrillo tras otro.

Dos divorcios tiene a sus espaldas. Anhela tener una relación feliz. Ha buscado el hombre idóneo en demasiadas camas, pero no lo ha encontrado. Su autoestima está por los suelos. Ya no aspira a nada, y se deja llevar. Su trabajo no le gusta desde hace ya mucho tiempo. El dinero escasea. No puede permitirse el nivel de vida que le gustaría llevar. Sus exigencias al buscar un compañero sentimental han ido descendiendo con el paso del tiempo. Hasta hace poco su ambición era pescar un hombre rico. Mientras tanto, se conforma con cualquiera que la halague, independientemente de si es inteligente o más bien tonto, alto o bajo, guapo o feo, rico o pobre, casado o soltero... Una decepción tras otra. La esperanza muere poco a poco.

Y ella parece pensar: «¿qué puede cambiar a estas alturas? Es demasiado tarde».

Allí está "el Marchoso", 30 años después.

Antes no quería quedarse ni una noche en casa. Sus fiestas eran las mejores. Sus vecinos no paraban de quejarse. Hoy día es él el vecino que se queja. Tiene un acogedor bungalow adosado. Y una agradable familia. En realidad no tiene motivos para quejarse. Y, sin embargo, su risa no es tan alta y contagiosa como antes.

Parece pensativo y hastiado. Ya no participa activamente en las conversaciones, como si no tuviera nada que decir. Y, si dice algo, es sobre su pasado. Su redundante «a ver cuando volvemos a...» no suena realmente convincente. No obstante, la añoranza de los buenos viejos tiempos es palpable. Así como la falta de valor para cambiar algo. Su mujer, los hijos, el perro y el trabajo no le dejan tiempo para cambios. Su matrimonio se ha convertido en amistad. El obligado beso al llegar del trabajo, acompañado de un breve «hola cariño», crea la apariencia de una vida matrimonial normal. Por suerte, gracias a los niños, no faltan los temas en común sobre los que charlar durante la cena. De llenar las horas entre la cena y la cama se encarga la televisión. Los jueves *"Cuéntame cómo pasó"*, los domingos la *"Película de la Semana"*. El resto de los días, tras las noticias, un poco de *zapping* o de telebasura. Uno de los dos siempre suele dormirse en el sofá. El sexo dejó de interesarles hace ya tiempo. Tan solo ocasionalmente, al volver de alguna fiesta, con un par de copas de más, se acercan algo el uno al otro. A menudo basta un breve «te quiero» para tranquilizar la conciencia. ¿Rutina dentro la vida o vida dentro de la rutina?

Y él parece pensar: «¿qué puede cambiar a estas alturas? Es demasiado tarde».

Allí está "la Solícita Mejor Amiga", 30 años después.

¿Qué hubiera sido de mí sin sus apuntes en la universidad? Ya por aquel entonces se preocupaba de sus buenos amigos como una madre. Hasta que encontró el hombre de su vida. Un marido que podía cumplir todos los requisitos de un buen padre. Desde hace años lleva a cabo a la perfección el papel de madre y ama de casa. Sacrificó su carrera profesional en beneficio de la educación de sus hijos, el hogar y el bienestar de su marido.

Mientras los niños eran pequeños, ella se sentía útil y satisfecha. Encontró el sentido de su vida en la familia. Los días se le pasaban volando: madrugar, preparar el desayuno, arreglar a los niños, lavar la ropa, planchar, limpiar, ir de compras, cocinar, recoger a los hijos en el colegio, ayudarles a hacer los deberes, preparar la cena, adecentar la cocina, acostar a los pequeños, y caer totalmente rendida en la cama.

La rutina diaria era interrumpida de vez en cuando por algún excitante acontecimiento: una visita al médico con los niños, una reunión de padres en el colegio, las fiestas de cumpleaños de sus hijos, y los domingos alguna excursión a un parque de atracciones o una comida en casa de los abuelos.

El punto culminante del año eran las vacaciones en Mallorca. Por supuesto, un hotel familiar con entretenimiento para niños y muchos clientes fijos, con quienes habían hecho amistad en los 20 años que llevaban veraneando en el mismo hotel. Durante todo el año, ella y su marido esperaban con impaciencia tener por fin tiempo el uno para el otro. Y, como todos los años, pasaban ese valioso tiempo leyendo revistas, bebiendo cervezas con otros veraneantes en el bar de la piscina del hotel y charlando con ellos sobre los hijos. Los animadores del hotel se ocupaban de mantenerles entretenidos el resto del día, de modo que nunca se aburrían. Tras la opulenta cena había cada noche un *show*, cuyo nivel era más bien cutre, pero al menos les proporcionaba un tema de conversación. Y cada noche, de camino a la habitación, él empezaba a bostezar hostentosamente («uff, estoy hecho polvo, será el calor...»), y ella a murmurar «uff, qué llena estoy, he cenado demasiado». El sexo salvaje que llevaban semanas prometiéndose, de nuevo aplazado. Cuando ella despertaba por la mañana, él ya estaba reservando las hamacas de la piscina –y por si acaso también las de la playa– sirviéndose de todo tipo de utensilios playeros como toallas y sandalias. Ya podía comenzar un nuevo día. También durante las vacaciones el tiempo pasaba volando. Nunca hablaban de ello, pero ambos lo sabían: su apasionada relación se había convertido en una armónica convivencia.

Ninguno de ellos está satisfecho con la situación. No obstante, ambos carecen del valor para cambiar algo. Recientemente también se ha marchado de casa el único hijo que todavía vivía con ellos, lo cual no ha tenido demasiada influencia en la vida de su marido. Él sigue pasando sus días en la oficina. Para ella es más difícil. No sabe qué hacer con su tiempo libre. Se siente inútil, y demasiado mayor para retomar su carrera profesional. Se siente como una extraña en su propia casa. Empieza a preguntarse: «¿esto es todo?». Su insatisfacción se convierte en reproches, con los que saluda casi cada tarde a su marido. Esporádicamente se les pasa por la cabeza la idea de separarse. Si bien, el miedo a la soledad predomina. Se quedan juntos, pero saben que están solos.

Y ambos parecen pensar: «¿qué puede cambiar a estas alturas? Es demasiado tarde».

Allí esta "el Agarrado", 30 años después.

No se pierde ninguna fiesta, aunque él jamás ha hecho una. Nunca se le ha ocurrido llevar una botella de vino, bombones o flores para los anfitriones. Pero siempre es el primero en descubrir los mejores vinos y los más exquisitos manjares, y los disfruta a espuertas. Sí, sabe disfrutar. Cuando es gratis. De no ser así, vive de un modo espartano. El mero pensamiento de gastar su dinero le pone enfermo. Prefiere convencerse de que no necesita muchas cosas. Los agujeros y el descolorido slogan publicitario de sus camisetas revelan que no gasta ni lo más mínimo en ropa. Las vacaciones las pasa siempre en su piso o en las casas de sus familiares y amigos.

Pero no solo es ahorrador con su dinero, sino también con su vida. El miedo de "gastar" su vida con demasiada celeridad, le paraliza. Nunca hace nada extraordinario y no corre ningún riesgo. Lo más importante para él es tener el futuro asegurado: un plan de pensiones; un piso propio; unos ahorros en el banco... Por suerte, la Seguridad Social se hace cargo de los chequeos preventivos, los cuales le dan tranquilidad hasta el próximo año.

Con él se puede conversar durante horas sobre todo tipo de temas. Siempre está al día, ya que leer periódicos gratis en las cafeterías y ver la tele son aficiones baratas. Ha vendido su viejo coche y lo ha sustituido por una bicicleta, supuestamente por respeto al medio ambiente.

Su presente desaparece a la sombra de su futuro. ¿Qué espera en realidad? ¿Cuándo empezará por fin a vivir? ¿Qué pasaría si muere antes de vivir su futuro? Su anhelo de experiencias es perceptible. Sobre todo cuando los demás le cuentan sus vivencias. ¡Pero todo cuesta tanto, y podría necesitar ese dinero para más adelante! Así que se queda ahí sentado y no hace nada al respecto. Sabe que no puede vivir de otro modo, y se reconcilia consigo mismo.

Y él parece pensar: «¿qué puede cambiar a estas alturas? Es demasiado tarde».

Allí está "la Supermujer", 30 años después.

El largo de sus minifaldas es inversamente proporcional a su edad y su peso. Otras serían el blanco de las críticas de los provincianos o los pequeñoburgueses, pero no ella. Ella puede hacer lo que quiera. Su encanto y su carisma, su seguridad en sí misma y su frescura le conceden un estatus especial. Lo que piensan los demás de ella, le da completamente igual. Ella vive como le da la gana.

Siempre está ocupada, principalmente consigo misma. Un trabajo intenso, clases de guitarra, un curso de danza del vientre, clases de tenis, cocinar con amigos, ir al teatro y al cine, viajes culturales en grupo, terapias para encontrarse a sí misma... Todo y nada. Y, cómo no, todo ello publicado y documentado con fotos a diario en Facebook, Twitter, Google+ y Pinterest. ¿Pueden todas esas actividades y las numerosas relaciones superficiales llenar su vacío interior?

Conoce a todo el mundo, pero a nadie de verdad. Y nadie la conoce a ella realmente. ¿Lo que ves en ella, es lo que es? Hace muchas preguntas personales a los demás, pero rara vez contesta cuando le hacen una a ella. Cuenta muy poco sobre sí misma, y mucho sobre sus divertidas actividades y anécdotas. Su tiempo es escaso. Normalmente es imposible localizarla. Sus amigos se quejan. Todavía. Algunos ya han desistido. Ella lo lleva con cierta indolencia, y se refugia cada vez más en su simulado papel de ocupadísima mujer de negocios, mientras que corre y corre, para que su soledad no la alcance.

Y ella parece pensar: «¿qué puede cambiar a estas alturas? Es demasiado tarde».

Por último, el cumpleañero.

Le vi a orillas del lago, en el jardín del restaurante donde acababa de celebrar su cumpleaños. Tenía la mirada perdida en el horizonte. La sosegada música que habían puesto para adormecer a los últimos invitados que se resistían a marcharse, acompañaba sus emociones. El vino enfatizaba su depresivo estado de ánimo. Me abrazó y, con un trémulo hilo de voz, balbuceó:

«Qué rápido pasa el tiempo, amigo mío. Es demasiado tarde.»

En los discursos con buenísimas intenciones, pero jodidamente sarcásticos, que sus mejores amigos le habían dedicado pocas horas antes, afirmaron que él "había cumplido".

Haber cumplido... Ser demasiado tarde...

¡Vaya mierda de amigo que fui en ese momento! No se puede decir que le ayudara mucho. Taciturno y como hipnotizado, hundí la mirada en mi gran copa de vino tinto, mientras la agitaba letárgicamente con movimientos circulares. En el turbio vino vi reflejada mi imagen, y de pronto esa redonda copa se me antojó una mágica bola de cristal. Me costó reconocerme. Mi cara estaba desfigurada y absolutamente irreal. Provocaba aversión y compasión al mismo tiempo. Una caricatura de mí mismo. Ahora me tocaba a mí. Cavilé:

«Aquí estoy: "el...", "el...", "el...", ¡joder, ¿quién soy yo?!, en fin, simplemente yo, 30 años después. ¿Pienso sobre los demás para desviar la atención de mí mismo?»

Bebí un gran sorbo de vino y murmuré para mis adentros:

«Es demasiado tarde... Haber cumplido. Llegar. Ser demasiado tarde... Mientras no haya cumplido, no será demasiado tarde para mí. Mientras pueda andar, no quiero llegar».

Capítulo 4: Yo

Yo soy...

Dicen que no se debe empezar las frases con "yo", al menos no con demasiada frecuencia. ¿Por qué? ¿No es el "yo" lo más importante que cada uno de nosotros poseemos? Si yo no me tuviera a mí mismo, no tendría nada en absoluto. Nadie me tendría. Y yo no tendría a nadie. Ya que yo no existiría. Así que, me alegro de poder escribir "yo", y de poder relatar quién soy yo.

Nombre: Oliver
Sexo: masculino (con mucho gusto)
Nacionalidad: alemán (también con mucho gusto)
Edad: 52 (¡¿ya?!)
Profesión: asesor de empresas (no fue una mala decisión)
Estado civil: casado (felizmente casado)
Hijos: ninguno (me gustan los niños, a una distancia prudencial)

¿Siempre ha sido así? Quiero decir, por supuesto que siempre he sido hombre y alemán. Si bien, ¿hace unos años hubiera escrito entre paréntesis «con mucho gusto»? ¿He sido siempre con mucho gusto un hombre alemán, con un buen trabajo y felizmente casado sin hijos? ¿He estado siempre satisfecho con lo que soy?

¿No hubiera preferido ser un atractivo italiano, mimado por una gran familia, rodeado de muchos pequeños *bambinis,* con una casita en La Toscana y un restaurante donde se sirven los mejores *spaghetti mare e monti* del pueblo?

¿O un elegante francés con un apartamento de lo más *chic* en París, con muchas amistades para salir de marcha, empleado en un banco, y sin grandes obligaciones familiares?

¿O un relajado hippie en algún lugar del mundo donde la vida es sencilla y el sol brilla cada día, donde uno no se tiene que preocupar por el dinero y el nivel de vida, y donde la solidaridad es más importante que la competitividad?

¿Y por qué no una mujer, por ejemplo una alegre española, con una casa junto al Mediterráneo, en la que ella y su marido siempre están rodeados de amigos y familiares, y disfrutan de la vida sin demasiado estrés, mientras que la hacendosa abuela se ocupa de los niños?

Quizás...

Sonrío y pienso: «atractivo italiano, elegante francés, relajado hippie, alegre española. Una vez más he caído en la trampa de los estereotipos». Hoy en día por lo menos me percato de ello. Menos mal. Pero es que con clichés se pueden expresar algunas cosas tan maravillosamente bien...

¿No preferirían ser el atractivo italiano, el elegante francés, el relajado hippie y la alegre española una acomodada persona alemana (lo sé, de nuevo un estereo-tipo), con un buen oficio y un feliz matrimonio?

Quizás...

Pero, ¿es que todo eso importa realmente? ¿Es esencial si uno es hombre o mujer, europeo o asiático, autónomo o empleado, casado o soltero, heterosexual o gay, cristiano o musulmán...? ¿Acaso no buscamos todos lo mismo en la vida? ¿No nos alegramos todos por similares vivencias? ¿No sentimos temor ante los mismos problemas? ¿No tenemos todos al final el mismo destino?

No, yo no quiero ser otro. Soy, quien soy. Y los demás también, aun cuando algunos se empeñen en querer ser otra persona. ¡Ya está bien de quimeras estúpidas y sin sentido! Lo que importa es que nos sintamos a gusto en nuestra propia piel. Que nos tomemos el tiempo para co-nocernos mejor a nosotros mismos, para aprender a valo-rarnos. Que empecemos a diferenciar lo sustancial de lo irrelevante, y encaucemos nuestra vida en la dirección co-rrecta. Que seamos conscientes de lo que verdaderamen-te es importante para cada uno de nosotros.

Yo tardé mucho tiempo en descubrir que es posible.

El camino ha sido fácil, y tan difícil a la par. Las costum-bres, las obligaciones, la vida cotidiana –que nos oprime bajo su yugo–, la rutina, el miedo a los cambios, la presión de la sociedad, la opinión de los demás,..., todo esto nos construye una jaula invisible, en la que nos encerramos voluntariamente. Y en ella pasamos nuestros días. Uno detrás del otro. Aburridos. O frustrados. O amargados. O decepcionados. O desesperados. O desilusionados. O llenos de ilusiones. O expectantes. O todo ello, según el estado de ánimo. Tenemos la llave en la mano y no abrimos la jaula. Preferimos acostumbrarnos a vivir en su interior, e inventamos consoladoras frases como "yo ya he cumplido en la vida", "no hay otra posibilidad", o bien "solo es una mala racha que pronto pasará", para justificar nuestras circunstancias y continuar soportando nuestra situación.

No obstante, en el fondo tenemos pavor. Siempre que nos planteamos salir de la jaula nos vemos confrontados con ese miedo. Temor hacia lo incierto, lo desconocido, la oscuridad, lo extraño. Cada vez que surge una posibilidad de escapar de la jaula, ese pánico nos convence de que en realidad no queremos salir, y hacemos marcha atrás. ¿Un nuevo trabajo, una nueva pareja, un nuevo país, una nueva vida? Siempre podemos elegir no cambiar nada. Por temor. A pesar de que sabemos desde hace mucho tiempo que es algo que deberíamos llevar a cabo. Todo sigue siendo igual. Y de pronto nos acosa un nuevo pánico: que nuestra vida así no tiene sentido, que podríamos estar perdiéndonos muchas cosas, y que quizás ya sea demasiado tarde.

¿Qué tal sería despertarse cada mañana con ganas de vivir? ¿Qué tal sería alegrarse cada día de nuevo al ver la adormilada cara de tu pareja? ¿Qué tal sería tomarse el tiempo para un buen desayuno, no solo los domingos? ¿Qué tal sería alegrarse de ir al trabajo, en el hipotético caso de que seas tan afortunado de tener uno? ¿Qué tal sería no llegar cada tarde a casa totalmente extenuado y desanimado?

¿Qué tal sería sentir con más frecuencia la fuerza de la naturaleza? El rumor del mar, el graznido de las gaviotas, el tintineo de los mástiles de los barcos en el puerto, el olor a salitre y pescado fresco, la agradable caricia del sol de la tarde sobre la piel, la suave arena de una playa, los espléndidos colores de una puesta de sol, el embriagador ambiente de una cálida noche de verano. El silbido del viento en las montañas, el canto de un gallo al amanecer, el trinar de los pájaros, el murmullo de un riachuelo, el aroma de los prados en flor, la fresca brisa en el rostro, el auténtico sabor de la comida casera.

¿A quién no le mueve el deseo interior de poder sentir todo eso?

Y, sin embargo, algo positivo debe aportarnos la jaula. ¿Seguridad?

¿Merece la pena? Seamos sinceros: ¿no esperamos un poco más de la vida?

«Esto no puede haber sido todo», barrunté el día en que mi vida se truncó de golpe. Lástima que tengamos que llegar al límite para despertar...

De repente, una aglomeración de horribles acontecimientos. Una noticia funesta tras otra. Perdí el control. Todo estaba en juego. Ocurrieron cosas que nunca habría podido imaginar, ni en la peor de mis pesadillas.

Estaba justo ahí, donde nunca quise estar. Y la situación todavía empeoró. Estuve al borde del abismo.

Capítulo 5: Encuentro

Agosto de 2003

Hoy me encuentro de nuevo junto al abismo, en una cima de los Alpes de Baviera, con vistas al pintoresco pueblo de Oberstdorf. Si bien, esta profundidad frente a mí no habla de la muerte y del final, como entonces, sino de vida y futuro.

Doy un mordisco a una manzana, y el crujiente sonido me produce un placer inmenso. Acabo de quitarme la camiseta sudada. Le echo un vistazo antes de meterla en la mochila. ¡Hay tanto esfuerzo, sacrificio y superación vinculados a este sudor! Guardo todo ello en la mochila, y me pongo una camiseta limpia. Mi piel se siente a gusto, y yo también.

Me doy cuenta de que hace tiempo hubiera sido incapaz de alegrarme por algo tan insignificante. Una manzana y una camiseta limpia. En este preciso momento no necesito nada más. Si antes hubiera sido consciente de que no es necesario tenerlo siempre todo para poder ser feliz... ¡Una manzana y una camiseta! Me echo a reír. ¡Una manzana y una camiseta! Grito enérgicamente en dirección hacia el valle: «¡¡¡tengo una manzana y una camiseta y soy feliz!!!» Las montañas comparten mi alegría y a través del eco braman que ellas también tienen una manzana y una camiseta y son felices.

Una joven pareja se sienta a mi lado. Él exclama: «¡¡tengo un plátano y soy feliz!!» Ella grita: «¡tengo chocolate y soy feliz!»

Una mujer de unos cincuenta y tantos años se acerca a nosotros, y pronuncia en voz muy alta: «¡tengo agua fresca y soy feliz!»

El maravilloso eco de las montañas llena todo el valle de manzanas, plátanos, chocolate, agua y felicidad.

Nos miramos, y nuestras sonrisas se convierten en portentosas risas. Cada vez más altas. Cada vez más contagiosas. Ahora, los montes también están repletos de nuestras risas.

Los tres desconocidos me parecen simpáticos, a pesar de que su repentina aparición me ha dado un pequeño susto. ¿Estaba tan absorto y sumido en mis pensamientos que ni siquiera me he percatado de su llegada? Me invade la extraña sensación de que estas personas han salido de la nada...

De pronto, un hombre con aspecto de ser pensionista, aparece detrás de mí, y pregunta: «¿sirve también un bocadillo de queso?» ¡Por Dios, qué susto! ¿Qué, cómo, un bocadillo de queso? ¿Pero de dónde ha salido éste? Ni he oído sus pasos y el crujir de la grava bajo sus botas de senderismo, ni he visto su sombra. Pero ahí está, esperando sonriente mi respuesta.

Los otros tres permanecen muy tranquilos. Su presencia no parece asombrarles.

La escena se me antoja sumamente rara. Se me pasa por la cabeza el extravagante pensamiento de que, si intento tocarles, mi mano cruzará cuerpos inmateriales, visibles pero no tangibles. Me burlo interiormente de mis paranoias, y pienso: «hoy no es un día normal».

–¡Pues claro, los bocadillos de queso también sirven! –contesto.

–¡¡¡Tengo un bocadillo de queso y soy feliz!!! –clama el hombre de elevada edad hacia el valle.

Le observo con detenimiento, y entonces le reconozco. ¿Cómo ha conseguido llegar hasta aquí arriba tan rápido? Hace un par de horas pasé junto a él, mientras que estaba sentado en un banco de madera. Pensé que para su edad tenía un cuerpo muy atlético. Me impresionaron sus grandes y musculosos gemelos. Su pelo blanco y sus ojos de un luminoso azul claro contrastaban con su bronceado rostro. Físicamente era un hombre atractivo, pero su expresión era tan severa, tan abstraída, tan triste. Tenía la mirada perdida, de modo que al pasar por su lado allí abajo, él no percibió mi presencia. Ni siquiera contestó a mi saludo. Y ahora pertenece a nuestro peculiar "Club de la Gente Feliz".

–Me gustaría saber con quién estoy aquí partiéndome de risa. Soy Oliver. ¿Cómo os llamáis vosotros?

–Yo me llamo Christian y mi novia es Sara.

–Yo soy Margit. Encantada de conoceros.

–Igualmente. Me llamo Walter.

–Bienvenidos al recién fundado Club de la Gente Feliz –añado con un sugestivo matiz en mi voz.

Brindamos por la espontánea formación de nuestro club con las cantimploras y botellas de agua, y bebemos un largo trago.

–El Club de la Gente Feliz, ¡qué bien suena! –dice Margit con entusiasmo. –Sin lugar a dudas quiero pertenecer a un club como este, aunque solo sea durante media hora. Hay tan pocos momentos felices en esta vida.

–¿Media hora? ¿Por qué conformarse con tan poco? –replico. –He cometido ese error durante demasiado tiempo. Darme por satisfecho con muy poco. Poco tiempo para mí. Poco tiempo para mi familia. Poco tiempo para mis amigos. Poco tiempo para disfrutar de momentos de felicidad. Por otro lado, nunca tenía suficiente. Nunca suficiente dinero, nunca suficientes cosas materiales, nunca suficiente éxito, nunca suficiente responsabilidad. Y lo más gracioso es que creía estar haciendo lo correcto. Tenía un plan. Todo estaba bajo control. Al menos eso pensaba yo. Hasta que un día perdí lo esencial. Y fue ese día cuando aprendí lo que realmente cuenta en la vida.

–Puedes considerarte afortunado, para ti no es demasiado tarde –responde Margit con nostalgia. –A mí me pasaba igual que a ti. Siempre persiguiendo las prioridades erróneas. Lástima que un médico haya tenido que comunicarme que tengo cáncer de mama para darme cuenta. Hoy día, tras la operación, malgasto mi valioso tiempo en el hospital. Ya sabéis: quimioterapia. Y entretanto, cuando me encuentro más o menos bien, hago senderismo. La naturaleza me da fuerzas.

Se queda un instante pensativa y ausente, contemplando las montañas. Nosotros la observamos a ella. Ahora que sé que está enferma, la veo con otros ojos. Inconscientemente busco signos de su enfermedad. Y los encuentro. A pesar de que, al parecer, hoy es uno de esos días en que se siente mejor, no puede esconder las huellas que le ha dejado el cáncer. Su juvenil y deportiva ropa de senderismo oculta un cuerpo algo demacrado. Una divertida gorra cubre su media melena rubia. Me pregunto si es una peluca. Muestra su nerviosismo al no parar de tocarse el pelo, enrollándose en los dedos los rizos que le salen de la gorra. Constantemente se muerde y lame sus rosados y voluptuosos labios. Se nota que le gustaría parecer despreocupada, pero no puede disimular su tensión. Intenta sonreír sin cesar. Es transparente. Se percibe que siente unas inmensas ganas de vivir y un pánico atroz al mismo tiempo. La rodea un aura muy especial y atrayente, que produce en los demás el deseo de abrazarla. Ninguno de nosotros lo hace, y la joven Sara toma la palabra:

–¿Estás aquí sola? –pregunta, con la intención de romper el hielo.

–Me encantaría que mi marido me hubiera acompañado...
Pero sí, estoy sola aquí. Lamentablemente, no ha aprendido nada de mi enfermedad. Tenemos una pequeña lavandería con unos 10 empleados. El negocio va bien. Hay mucho trabajo. Antes yo me ocupaba de la administración. Ahora mi marido cree que tiene que encargarse él mismo de todo. En realidad, podría ir pensando en jubilarse, ya que nuestro hijo quiere hacerse cargo del negocio. Incluso se queja de que su padre no quiere cederle la responsabilidad. El pobre está bastante frustrado. Tiene la sensación de que su padre no confía en él. Y la verdad es que el chico hace un trabajo excelente. El problema es su padre. No puede dejar el trabajo. Desde que estoy enferma no para de lamentarse de que tiene que llevarme a menudo a la clínica. Dice que por eso no le queda tiempo para las vacaciones.

El rostro de Margit se nubla con una expresión de cinismo y a la vez de amarga decepción. Lucha por sonreír, si bien solo logra hacer una mueca, y añade resignadamente:

–Hoy es mi cumpleaños.

–¡Ah, muchas felicidades! –exclama Walter, un poco afectado por todo lo que acaba de escuchar.

–¡Feliz cumpleaños, Margit! –coreamos todos.

Apretones de manos, abrazos y besos siguen a las felicitaciones.

–Seguro que tu marido viene esta noche a Oberstdorf para celebrarlo contigo, ¿no? –se informa Sara esperanzada.

–Estaría bien, pero no vendrá. Hemos hablado por teléfono esta mañana. Por desgracia, tiene una cita esta tarde. – Margit hace una breve pausa y continúa en tono irónico. – Pero me ha regalado para el cumpleaños una autocaravana. Hacer vacaciones en autocaravana siempre ha sido mi sueño. Supongo que debería alegrarme de tener por fin un trasto de esos. Sin embargo, la verdad es que, si viajo sola, prefiero irme a un hotel. Así al menos no me siento tan solitaria.

–¿Me permites que te diga algo, Margit? –interpela Walter. –Tu marido no tiene ni idea de lo que se pierde. Tiene una mujer majísima, y la deja irse de vacaciones sola. No lo entiendo.

–¡Es muy amable por tu parte! Si te soy sincera, no eres el primer hombre que me dice algo así cuando viajo sola. Se lo he contado a mi marido, pero no le impresiona lo más mínimo. En su opinión es de lo más normal que hagamos vacaciones separados, siempre que sea por el bien del negocio. Y ni siquiera se le pasa por la cabeza el pensamiento de que podría conocer a otro hombre si me deja sola constantemente. Él está convencido de que siempre estaré a su lado...

Amargada y triste, añade:

–Pero, ¿por qué motivo debería estar siempre a su lado? ¿Está él a mi lado ahora que le necesito más que nunca?

En fin, tan solo espero que él nunca sufra una grave enfermedad. Seguramente se daría cuenta entonces del error que ha cometido. Y yo ya no estoy segura de si podría estar a su lado o no.

La última frase de Margit nos atraviesa como una espada. Nos quedamos un momento callados y pensativos. El entorno, el cual hace pocos minutos todavía estaba colmado de belleza, alegría y vida, se nos antoja de pronto un lugar inhóspito y amenazador. De repente, las montañas nos parecen inquietantemente enormes y poderosas. Las nubes, que hasta hace poco nos regalaban una reconfortante sombra, a nuestros ojos se han transformado en peligrosos nubarrones de tormenta, desde los cuales nos podría alcanzar un rayo en cualquier momento. La fresca brisa de las montañas nos congela la piel.

¿Dónde están las manzanas, los plátanos, el chocolate y el agua? ¿Dónde se ha quedado la felicidad? ¿Puede un solo pensamiento negativo cambiar tanto nuestro mundo? ¿Es nuestra percepción de las cosas tan susceptible? Posiblemente sí, siempre y cuando lo permitamos. Todo está en nuestra mente.

Hoy está en mi mano el cambiar algunas cosas. Los pensamientos negativos no son bienvenidos. De modo que decido actuar.

–Margit, comprendo tu reacción. Es muy humana. Sientes que él te ha dado la espalda, y sencillamente estás furiosa. Pero, no te estás haciendo ningún favor a ti misma. Los pensamientos negativos son el mejor alimento para las enfermedades. Y eso es lo último que tú necesitas ahora. Y, por cierto, tampoco es demasiado tarde para ti. No siempre podemos elegir nuestro destino, pero sí podemos influenciarlo. Antes, cuando subíamos hacia la cima, te he visto y he pensado: «¡qué mujer tan valiente, subiendo sola por este escarpado sendero de alta montaña!» Puedo percibir tu energía. ¡Sé que lo vas a conseguir, te vas a recuperar!

–¡Exacto, lo vas a conseguir, Margit! –exclama Sara con juvenil espontaneidad.

Walter se acerca a Margit, la abraza con ternura y nos secunda a Sara y a mí:

–¡Lo conseguirás!

–¡Claro que sí! –confirma Christian, totalmente convencido.

Margit está visiblemente conmovida. Se debate brevemente entre el llanto y la risa, pero finalmente se echa a reír. Todos los demás también. El Club de la Gente Feliz vuelve a merecerse su nombre.

–¡Gracias, os lo agradezco a todos! Nunca olvidaré este momento. Oliver, me alegro de haberte encontrado. No conozco a muchas personas que se atreverían a gritar como locos aquí arriba que tienen una manzana y una camiseta y que por eso son felices. Eres un ser muy especial. Pero seguro que tienes buenos motivos para sentirte hoy tan feliz, ¿verdad?

–Sí, muy buenos motivos: tengo una manzana y una camiseta limpia –corroboro mientras sonrío y le guiño un ojo.

Mientras pronuncio esas palabras, pasan con celeridad por mi cerebro las imágenes de la pesadilla que tuve que vivir para llegar a ser como soy hoy día.

Christian me rescata de mis recuerdos:

–No, en serio, Oliver. Por favor, comparte con nosotros tu camino hacia la felicidad. ¿Por qué pareces tan feliz?

–Porque me he salvado de mí mismo.

Ocho ojos abiertos como platos se clavan en mí. Les analizo uno tras otro. Advierto en todos el anhelo y la búsqueda de la felicidad. ¿Por qué están tan sedientos de mi "receta de la felicidad"? En el caso de Walter y Margit, puedo imaginarme que han sufrido bastantes experiencias duras en su vida. No obstante, ¿qué les ocurre a Christian y Sara? Son tan jóvenes... ¿Qué les falta?

Le echo un vistazo a Sara. Cariñosa e insegura son los primeros atributos que se me pasan por la cabeza sobre ella. Tiene un rostro infantil, la piel clara con pecas y el cabello largo y pelirrojo, recogido en una cola de caballo. Sus ojos verdes miran el mundo como si lo vieran todo por primera vez. ¿Curiosidad o ingenuidad? Lleva ropa de senderismo ancha y desenfadada, bajo la cual probablemente pretenda ocultar un par de kilos de más. Al hablar, siempre busca con la mirada la aprobación de su novio.

Al contrario que ella, él parece muy seguro de sí mismo y autoritario. Es alto y de complexión fuerte. Posee una cautivadora sonrisa de ganador, que muestra con frecuencia. Su mirada es directa. Sus expresivos ojos marrones y su pelo castaño oscuro le dotan de un aspecto sureño. Tiene encanto, y lo sabe.

Los cuatro esperan impacientes que continúe hablando. Y así lo hago:

–Todo comenzó cuando yo era tan joven como vosotros dos –afirmo mientras señalo hacia Sara y Christian. –Calculo que rondáis los 30, Sara quizás incluso un par de años menos. Ya durante mis estudios me atrapó la ambición. Recuerdo perfectamente cómo mis compañeros de carrera y yo nos sentábamos cada martes por la tarde a ver la serie Dallas. Nuestro "héroe", el ejemplo a seguir, era J. R., el exitoso empresario sin escrúpulos, que usaba cualquier medio para ganar dinero y ser más poderoso. Para conseguirlo ponía todo lo demás en juego: su matrimonio, su familia, sus amigos. Sorprendentemente, todos caían en sus trampas e intrigas, y casi siempre se salía con la suya.

Christian me interrumpe y agrega con entusiasmo:

–¡Ese tío era realmente guay! ¿Sabíais que vuelve a salir en la tele? Hace poco le vi en un anuncio publicitario. ¡Me encanta su estilo!

Walter le da la razón:

–Tiene que ser muy popular si todavía le contratan para hacer publicidad. Confieso que a mí también me fascinaba J. R. ¡Al contrario que el blandengue de su hermano Bobby!

–¡No decís más que tonterías! –replica Margit enérgicamente. –Bobby era un chico muy simpático y cariñoso. El hombre que cualquier mujer desearía tener: honesto y sincero.

–No conozco ninguna mujer que desee tener un perdedor como marido –opina Christian.

–¡Ay chaval, qué poco conoces a las mujeres! –se indigna Margit. –Pero, por favor, dejaos de bobadas, y vamos a volver al tema del que estábamos hablando, ¿ok? Oliver, ¿sigues contándonos tu historia?

Asintiendo con la cabeza, retomo mi relato:

–Bueno, prosigo. Hice la carrera de Económicas. Si estudias algo así sueles tener las metas claras. Mientras estudiábamos, mis colegas y yo hicimos nuestras primeras experiencias en la Bolsa, y sorprendentemente incluso ganamos algo de dinero. Llevábamos el maletero del coche lleno de camisetas polo que adquiríamos baratas en el extranjero y vendíamos a nuestros compañeros en la universidad. El negocio funcionaba tan bien, que el maletero se nos quedó pequeño, pues empezamos a comerciar con otros artículos. Todos nos conocían en la universidad. No nos faltaban las chicas, ya que, además de la ropa de marca, podíamos permitirnos buenos coches, lo cual, a esa edad, impresionaba bastante a algunas. Todo fue bien, hasta que un par de mis compañeros, de tanto negociar y ligar, suspendieron y tuvieron que dejar la universidad. Eso no podía pasarme a mí bajo ningún concepto, de modo que me pasaba las noches en vela estudiando, para poder continuar ganando dinero durante el día. Los estudiantes normales iban con frecuencia a la piscina, a los bares, a la biblioteca, a esquiar... Se divertían juntos, como corresponde a la gente joven. Mientras tanto, yo estaba de lo más ocupado conmigo mismo. Conocía a mucha gente, pero nunca tuve un grupo de amigos íntimos. Eso me habría robado demasiado tiempo. Asombrosamente, muchos de mis compañeros de estudios y viejos amigos seguían preguntándome de vez en cuando si quería salir con ellos. Aunque, con el tiempo, cada vez menos, lo cual, para ser sincero, me era indiferente por aquel entonces.

Mis oyentes se han quedado estupefactos. No se pueden ni imaginar que el hombre que acaban de conocer sea el mismo Oliver que he descrito. No me resulta difícil leer sus pensamientos, y reacciono en consecuencia:

–Sí, ya sé que todo esto no suena muy bien. Pero así era. Fue una etapa de mi vida, y no reniego de ella, ya que no estaría donde estoy hoy en día si las cosas no hubieran sucedido así. Simplemente, quería tener éxito para algún día poder disfrutar de la vida a tope. En mi camino no eran bienvenidos los obstáculos y todo aquello que me robara tiempo. A lo más tardar con 50 quería vivir tal como a mí me gustaba: con total independencia económica. Todo en mi vida debía subordinarse a esta meta. Tenía un plan muy claro en la mente. Estaba tan convencido y seguro de mí mismo, que me lo jugué todo a una carta...

Hago una pausa, respiro profundamente y, en un tono más relajado, lanzo una pregunta al grupo:

–Hablando de planes, ¿os parece bien si vamos pensando en bajar? ¿Qué sendero habéis elegido para el descenso?

–¡No nos dejes con la miel en los labios! –protesta Margit. –No puedes privarnos del resto de tu historia, precisamente ahora que se estaba poniendo interesante.

–De acuerdo. ¿Qué os parece si quedamos para cenar en Oberstdorf y seguimos hablando esta tarde? Si tengo que contaros mi historia entera ahora, tendríamos que pasar la noche aquí arriba.

–¡Buena idea! Podríamos quedar sobre las 20 h. junto al Ayuntamiento Antiguo en Oberstdorf. Ya sabéis, en la plaza enfrente de la iglesia. Y desde allí vamos juntos a cenar a algún sitio –propone Christian.

–Me apunto –anuncia Margit contenta, y añade: –¡así podemos celebrar mi cumpleaños!

–¡Vale! A las ocho frente al Ayuntamiento –asiente Walter.

–Bueno, yo ya me he cansado bastante por hoy. Voy a tomar el camino más corto hacia el funicular, y bajar cómodamente en una telecabina –nos informa Margit.

–Eso suena de maravilla. ¿Lo hacemos igual? –propone Sara a su novio.

Él no parece muy entusiasmado con la idea.

–¡No seas blandengue! Habíamos quedado en caminar hasta el lago Seealp y desde allí tomar el sendero junto al barranco, y luego bajar a Oberstdorf. Y ahora quieres cambiar los planes, como siempre...

–¿Por qué dices "como siempre"? Y además, ¡estoy cansada! El ascenso ha sido más agotador de lo que esperaba. ¿No puedes por una vez en tu vida ser un poquito más flexible y adaptarte a mí? –se defiende Sara.

–¿De qué vas? ¡Soy muy flexible!

–¡De eso nada! ¡Tú no cedes nunca, todo el mundo tiene que hacer siempre lo que tú quieres!

–¡Para nada tienes que hacer lo que yo digo! Si quieres, me voy yo solo por ese sendero, y tú te vas cómodamente por el camino de los pensionistas hacia el teleférico –dice Christian usando un tono burlón y despectivo, lo cual aumenta la rabia de Sara.

–¡Eres un idiota! ¿Tienes que ofenderme siempre, solo porque yo no soy como tú?

–¡¿Quién está ofendiendo a quién?! ¡Tú acabas de llamarme idiota!

–¡Y tú a mí blandengue!

–Porque lo eres. ¿Sabes qué te digo? Que voy a hacer el camino que habíamos planeado. Y tú puedes hacer lo que te dé la gana –decide Christian, y seguidamente se coloca su mochila.

Walter, Margit y yo observamos la escena perplejos. La parejita parece haber olvidado que todavía estamos allí, y continúan peleándose, hasta que él echa a andar y ella, con los labios apretados y cara de disgusto, se dispone a seguirle. Justo antes de marcharse, se gira hacia nosotros y dice:

–Siempre lo mismo... Entonces, hasta luego, nos vemos esta tarde a las ocho.

–¡Hasta luego! –contestamos nosotros, porque lamentablemente no se nos ocurre nada mejor.

Margit la persigue con una compasiva mirada un momento. Walter encoge los hombros y sube las cejas, como diciendo: «es lo que hay».

Yo medito: «Christian me recuerda a alguien, a quien conocía muy bien».

Para romper el incómodo silencio que se ha instalado entre nosotros, le pregunto a Walter:

–¿Cómo quieres bajar?

Él responde a mi pregunta con otra:

–¿Qué vas a hacer tú?

–Yo voy a seguir un poco más por la cresta de la montaña hacia el otro teleférico que está más alto, el Nebelhorn.

Desde allí bajo confortablemente en telecabina. Bajar caminando no me gusta mucho. Y es malo para las rodillas. Afortunadamente, los tiempos en que tenía que llegar siempre al límite han pasado a la historia. Hoy día no tengo la necesidad de exagerar tanto.

–Suena bien. Si no tienes nada en contra, me gustaría acompañarte.

–¡Con mucho gusto! Entonces, nos ponemos las mochilas y, ¡andando! Margit, que disfrutes el descenso, nos vemos luego.

Cinco personas prosiguen su camino, y no saben que pronto nada será como antes.

Capítulo 6: Descenso

Echo a andar con brío, y le pregunto a Walter si mi ritmo le va bien.

Ninguna respuesta.

Al girarme hacia él, veo que se ha quedado parado contemplando como se aleja Margit.

–Walter, no me ofendería si prefieres bajar con ella. Para su edad, la verdad es que Margit es una mujer atractiva – le provoco un poco, con una pícara sonrisa.

–Sí, realmente tiene algo muy atrayente –ratifica él, sin dejar de mirarla. –Pero me quedo contigo. Quisiera prolongar nuestra conversación mientras caminamos, ahora que el sendero no es muy empinado.

Durante los primeros diez minutos, marchamos sin hablar. No solo para poder disfrutar del magnífico panorama, sino más bien porque nos faltan las palabras adecuadas. Cada uno de nosotros espera que sea el otro quien diga algo.

De repente, empiezan a surtir las palabras de los labios de Walter como el agua en un manantial alpino.

–Mi esposa me abandonó definitivamente hace seis meses. Después de 35 años de matrimonio.

–¡Lo siento mucho! ¿Y cómo lo llevas?

–Pues... 35 años es mucho tiempo... Mal, supongo. O, mejor dicho, me siento vacío. De hecho, debería sentirme mal, ¿no? Cualquiera se sentiría fatal si le pasa algo así de buenas a primeras. Sin embargo, yo no siento tristeza. Ni siquiera estoy furioso con ella. Más bien es como... Nada. Sencillamente nada. Quiero decir... No entiendo porqué lo ha hecho. ¡Estábamos bien! ¡Tenía todo lo que necesitaba conmigo! Ok, reconozco que hasta el año pasado quizás yo trabajaba demasiado. Pero ahora, desde que me jubilé, por fin tiene lo que siempre quiso: tengo todo el tiempo del mundo para ella. ¡Y de golpe ya no me quiere a su lado! ¡Eso no hay quien lo entienda!

Escucho a Walter con atención, y me invade la sensación de haber oído esa historia con anterioridad. Como un *flashback* aparece en mi mente aquella escena en mi despacho hace cinco años. Elena llora. Elena grita. Elena se marcha.

Walter no se percata de que, durante un breve instante, me he alejado mucho de él. Cuando retoma la palabra, regreso de mi pasado.

–Ella dice que nos hemos distanciado. Que todos estos años se ha sentido sola y abandonada. Que no la hago feliz desde hace mucho tiempo. Y ahora para ella soy como un extraño en la casa. Quiere empezar una nueva vida. ¡Así me agradece el que haya sacrificado toda mi vida trabajando por el bienestar de mi familia! Quería que estuviera orgullosa de mí. Que no les faltara nada a ella y nuestros hijos. Es más, que ellos pudieran disfrutar de las cosas buenas de la vida. Que, al llegar a mayores, ambos tuviéramos una vida desahogada. Todo eso no llueve del cielo. ¡Tiene que entenderlo! Bien que le venía gastar el dinero... Y ahora se comporta como si todo eso no tuviera ningún valor. Ahora, que por fin hemos cumplido nuestras metas.

Me recorre un escalofrío por la espalda. Los ecos de los reproches de una decepcionada Elena regresan a mis oídos. ¿Quién es este desconocido que quiere caminar conmigo aquí en la montaña y acaba de repetirme las mismas frases que mi propia mujer me dijo? ¿Pretende el destino plantarme ante los ojos una imagen del futuro que me habría tocado vivir si hubiera continuado con mi antiguo plan? ¿Habría acabado como Walter si aquel terrible acontecimiento no me hubiera forzado a cambiar mi vida?

Primero Christian y ahora además Walter. Christian me ha recordado totalmente a mí de joven, y Walter "me recuerda" a alguien que nunca quisiera llegar a ser.

Y, pensándolo bien, el carácter de Sara tiene mucho en común con el de Elena, cuando era más joven. ¿Y qué papel desempeña Margit? ¿Sería Elena como ella dentro de unos años, si el destino no hubiera marcado otro camino para nosotros?

¡¿Qué está pasando aquí?! ¿Acaso soy víctima de una inexplicable conspiración?

Escudriño el rostro de Walter, y al hacerlo me asalta un poderoso sentimiento de desconfianza. Sus facciones me recuerdan a las mías propias, si bien más severas, maltratadas por los años. Pero también Christian se me ha antojado antes de algún modo un clon de mí mismo. Presiento que está ocurriendo algo que se escapa de mi entendimiento. Repentinamente, me siento como una marioneta cuyos hilos son movidos por un ente sobrenatural.

¿Quiénes son Walter, Margit, Christian y Sara? ¿Por qué aparecen de pronto en mi vida?

Walter parece no haberse percatado de mi semblante preocupado y asustado, y sigue hablando:

–Mi mujer afirma que ahora incluso le molesto en casa. Que pongo su rutina diaria patas arriba. Antes se quejaba de que no teníamos aficiones en común. Hoy dice que ha perdido la esperanza, y que nuestra convivencia ya no le interesa. ¡Ya podría habérmelo confesado antes, y no ahora que ya tengo 67 años! ¡¿Cómo voy a empezar ahora una nueva vida?! Ella todavía no ha cumplido los 60 y se conserva muy bien. Seguro que ya tiene otro hombre. ¡Pero para mí ya es demasiado tarde!

Haber cumplido... Ser demasiado tarde... ¡¡Oh no!! ¡Todo esto me suena tanto! ¿Por qué Walter no para de decir cosas que me devuelven a mi terrible pasado? ¿Puede ser todo esto una simple casualidad? Sí, claro, tiene que ser eso. ¡Joder, Oliver, ya está bien de ideas paranóicas! Si sigo así acabaré creyendo que son fantasmas. Qué día tan raro tienes, colega. ¡Ya basta de gilipolleces, compórtate, Oliver!

Me paro un momento, pues me doy cuenta de que Walter necesita un respiro. De tanto hablar se ha quedado sin aliento. Entretanto, hemos llegado al final de la cresta del monte, y tenemos ante nosotros un corto pero escarpado ascenso. Desde donde nos encontramos se puede divisar el edificio del teleférico: nuestro objetivo. Qué agradable es tener una meta clara a la vista... Calculo que en una media hora la habremos alcanzado.

–Walter, vamos a sentarnos un rato, antes de emprender el último tramo –propongo, ante lo cual él manifiesta su conformidad. –¿Necesitas mi consuelo o puedo ser directo y sincero contigo?

–Por favor, prefiero la sinceridad. Ya recibo bastantes palabras consoladoras, que no me ayudan mucho que digamos, de mis viejos amigos.

–Ok. En ese caso, escúchame bien, Walter. Nunca es demasiado tarde. Solo será demasiado tarde cuando estés muerto. ¿Estás muerto? No. De modo que todavía tienes muchas posibilidades de ser feliz. Siempre y cuando tú lo quieras, claro. En primer lugar, debes reconocer en qué has fallado hasta ahora. Ni siquiera has comprendido el motivo de la huida de tu mujer. Todavía crees que lo has hecho todo correctamente. Justo ése era también mi problema. Y seguramente algún día me encontraría en la misma situación que tú ahora, si no me hubiera despertado a tiempo. Sin duda, el destino contribuyó en gran parte a que yo cambiara mi vida. Pero yo tuve que reconocer mis errores del pasado para poder mejorar mi futuro.

Me permito una breve pausa para reflexionar, y decido no contar nada más sobre mí mismo. Continuaré por la tarde, tal como he prometido. Prefiero concentrarme en Walter:

–Es posible que para ti y tu mujer realmente sea demasiado tarde para empezar de nuevo, ya que, al escucharte, no veo que la eches mucho de menos. Y, según tus palabras, a ella parece que le pasa lo mismo. En ese caso, creo que es positivo que ella por fin haya encontrado el valor para cambiar algo. Si por ti fuera, habrías seguido tan cómodamente, pensando que "has cumplido". Si bien, ¿eras realmente feliz? ¿O al menos estabas satisfecho? Tu mujer no, según parece... Walter, ¿quedaban todavía cosas en vuestra relación que de verdad te causaban alegría? ¿Cuánto tiempo hace que no miras a tu esposa como has mirado antes a Margit? Quizás deberías estar incluso agradecido a tu mujer por haberte obligado a actuar. Míralo desde el lado positivo: eres libre para volver a empezar.

–¿Volver a empezar? ¿Sabes una cosa? Lo que más me gustaría es volver a trabajar. En estos momentos no sé qué hacer con mi vida. En casa me paso los días en el sofá, leyendo el periódico y resolviendo crucigramas. Estoy hundido. Me siento paralizado y sin fuerza. Antes los días pasaban volando. Actualmente, se me hacen eternos. Antes el sonido del despertador era una tortura. Hoy día me despierto a las 5:30 h., a pesar de no haber podido dormir bien en toda la noche. ¡De qué voy a estar cansado si no pego ni golpe en todo el día! El par de horas en el gimnasio no me ayudan mucho que digamos. Me han aconsejado buscarme nuevas aficiones. ¿Pero qué puedo empezar yo a estas alturas? ¿Aprender idiomas? ¿Para qué? No tengo ninguna intención de mudarme al extranjero. ¿Un curso de cocina? ¡No, por Dios! Además, ¿para quién? Para mí solo no vale la pena cocinar. ¿Viajes en grupo? ¡Qué pesadez! Odio los viajes en grupo. ¿Cultivar verduritas? ¡Sí hombre, todo el día luchando contra los caracoles y demás bichos para que no se coman mis cuatro lechugas de mierda! ¡Por encima de mi cadáver! ¿Quedar con más frecuencia con mis amigos y conocidos? ¡Pero si no hablan más que sobre sus enfermedades y los buenos viejos tiempos! Por otro lado, si lo pienso bien, no tengo más amigos que mis antiguos colegas de trabajo. Cuando comencé a trabajar, dejé de cuidar mis amistades. Por supuesto, reservé mi escaso tiempo libre para mi familia. Ay, Oliver, para un hombre como yo, que ha consagrado toda su vida a su profesión, únicamente tiene sentido una vida con trabajo.

Walter se muestra resignado. Parece no querer añadir nada más.

–¿Y eso es todo? ¿Te dabas por vencido tan rápidamente siempre que tenías algún problema laboral complicado? Yo diría que no. Por ejemplo, ante la pérdida de un proyecto importante, las reclamaciones de un cliente insatisfecho, las broncas de tu jefe... No me cabe la menor duda de que no parabas hasta haber resuelto los problemas.

¿No es el proyecto más importante de cada ser humano su vida privada? ¿Por qué no buscas una solución para tus problemas personales con el mismo ímpetu que lo hacías en tu profesión? Ni siquiera era tu propia empresa. Tenías una posición con responsabilidad, pero son otros los que realmente se enriquecieron gracias a tu esfuerzo. El propietario, el gerente, los accionistas,..., seguro que te están muy agradecidos por tu extraordinaria entrega. ¿Y tú, te estás agradecido a ti mismo por cómo estás resolviendo tus temas personales? «Estoy hundido», dices. ¡Dios mío, qué triste! Imagínate que vas al lujoso despacho de tu jefe y le sueltas: «señor "Fulanito de Tal", no sé cómo solucionar el problema, estoy hundido». ¡Me parto de risa, Walter! ¿No te das cuenta de que acabas de vomitar un montón de sandeces? ¿Que no sabes qué hacer con tu vida? ¡Pues sé creativo!

–Joder, Oliver, me estás machacando. Si lo llego a saber elijo consuelo en lugar de sinceridad. ¿Puedo volver a elegir? –se queja Walter con humor, acompañando sus palabras con una socarrona sonrisa.

–Quien avisa no es traidor...

–Y, además de dar caña, ¿también sabes dar ideas útiles? Me dices que sea creativo y te quedas tan pancho. ¡Como si fuera tan fácil! ¿En qué piensas en concreto?

–A ver, me has contado que lees el periódico a diario, lo cual significa que te interesa lo que pasa en el mundo. ¿En qué cosas de las que ocurren en nuestra sociedad desearías formar parte activamente? Me explico: cuando leas que hay una conferencia sobre un tema que te resulta interesante, o bien una buena exposición de arte, o la obra de teatro que siempre has querido ver, o una cata de vinos, o algo totalmente nuevo para ti, alguna actividad en la que nunca has participado hasta ahora, no sé, por ejemplo la presentación de un libro, entonces, ¡actúa! ¿Has ido alguna vez a una tertulia literaria? Seguro que no... En cualquier caso, ¿por qué te conformas con simplemente estar informado? ¿Por qué no levantas el culo del sofá, tiras los crucigramas y el periódico a un lado, te quitas el chándal, te arreglas y sencillamente te vas al evento elegido? Allí puedes conocer gente con intereses similares a los tuyos, y compartir tus impresiones y opiniones con ellos. Puedes aprender algo de ellos y aportar tus experiencias. Después te vas por ahí con tus viejas o nuevas amistades a tomar una copita de vino o a cenar, y te aseguro que vuelves a casa cansado y satisfecho, tras un día colmado de vivencias. Y así podrás dormir bien. Conozco pensionistas cuya agenda está más llena que la de un político. Se apuntan a asociaciones benéficas, a clubs de lectura, de senderismo, de golf, de ajedrez, de billar... Y se involucran activamente en la organización de todo tipo de eventos. Pero sí, también hay muchos que no saben qué hacer con su tiempo. El pertenecer a un grupo u otro, está en tus manos.

–Al primero, Oliver, pues claro que quiero pertenecer al primer grupo. Gracias, hombre, creo que, aunque me fastidie, me hacía falta que alguien hablara conmigo de este modo. ¡Eso es, debería empezar de nuevo! Tengo que reflexionar seriamente sobre ello. A propósito de volver a empezar, podríamos ponernos en marcha de nuevo, ¿de acuerdo?

Mi respuesta es interrumpida por el ensordecedor ruido del motor de un helicóptero que vuela muy bajo. Asustados, miramos hacia arriba y vemos el rojo helicóptero de salvamento. Eso no es buena señal en las montañas.

–¿Qué habrá sucedido? –se pregunta Walter.

–Espero que solo sea una rotura de pierna o algo así, y nada más grave. ¿Te has enterado de que la semana pasada un escalador sufrió un accidente mortal?

–Sí, sí. Así de rápido puede ocurrir. Te alegras de pasar un bonito día en el monte, das un paso en falso, te resbalas y se acabó.

–Sí, Walter, exactamente así es. Por eso no se debería aplazar nada para mañana. Prefiero realizar hoy lo que me gustaría hacer, para que mañana no se convierta en lo que me *hubiera gustado* hacer. Muchas personas viven como si fueran inmortales. Yo ya no.

–Entonces, vámonos, Oliver. ¡Disfrutemos de la vida! Qué ganas tengo de beberme una cerveza bien fresquita en la terraza de la estación del funicular.

El primer trago de cerveza tras seis extenuantes horas de senderismo es un verdadero placer. La suave y blanca espuma acaricia mis ásperos labios. Cierro los ojos y disfruto del fresco líquido, que primero mima mi paladar con el inconfundible sabor a cebada, lúpulo y malta, y poco a poco refresca mi seca garganta. En este instante lo que más me gustaría hacer es levantarme, ir a la barandilla de la terraza con vistas hacia el espléndido, ancho y profundo valle, y gritar alto: «¡¡tengo una cerveza fresca y soy feliz!!»

Es entonces cuando ocurre algo que siempre contará entre los *Top 10* de las mejores anécdotas de mi vida: Walter se levanta, coge su vaso de cerveza, se dirige a la baranda, eleva el vaso, se gira brevemente hacia mí, me dedica una amplia sonrisa, vuelve a girarse hacia el valle, y exclama a pleno pulmón:

–¡¡Tengo una cerveza y soy feliz!!

La gente se queda petrificada observando a Walter, y sus severas miradas transmiten tanto asombro como rechazo. No se demoran en comenzar a juzgarle. Los cuchicheos y comentarios en voz baja son variados:

–¿Está borracho? Pobre hombre... En las montañas debería estar prohibido el alcohol.

–¡Menudo colgado! Espero no encontrármelo luego en la telecabina. Vámonos ahora mismo, cariño.

Solo un grupo de jóvenes parece encontrar la escena divertida y brindan con Walter. Todos los demás callan.

Voy hacia él y le doy una amigable palmada en la espalda. Ambos nos partimos de risa.

Ya en el teleférico, durante el descenso al pueblo, admiramos de nuevo el largo y empinado camino que hemos hecho.

–¿Dónde estarán ahora Christian y Sara?

–Lo más probable es que todavía vayan por la mitad del trayecto. Quizás podemos verles desde aquí arriba.

–Eso es imposible. Su camino se encuentra mucho más a la izquierda. He hecho ese recorrido un par de veces. Es bastante duro. Fíjate, aquí en el mapa marcan un tramo de ese sendero con puntos rojos discontínuos, lo cual indica que hay que ser un senderista experimentado y sin vértigo. ¿Sabes, Walter? Antes siempre tenía que bajar a pie. De lo contrario me hubiera sentido como si hubiese dejado algo a medias. Me permitía tan pocas vacaciones, que cuando tenía un día libre quería aprovecharlo y exprimirlo al máximo. Si me iba a esquiar, esquiaba. Desde primera hora de la mañana hasta el cierre de las telesillas. Si me iba a hacer senderismo, hacía senderismo. Todo el día. Bajar en funicular era algo para débiles. Durante el descenso solían surgir discusiones con mi mujer Elena, más o menos como la que han tenido hoy Christian y Sara, porque a ella, tras cinco horas de escarpada subida, no le quedaban fuerzas. Nunca fue una deportista nata. Pero a mí me daba igual. No tenía opción: prefería las agujetas y la crisis matrimonial del día siguiente, que la sensación de haberme perdido algo. Siempre tenía que llegar a mis límites. Y mis acompañantes conmigo. Hoy día ya no tengo la necesidad de demostrarme nada. Sencillamente, escucho lo que me dice mi cuerpo, y no exagero. Desde entonces, me encuentro mucho mejor.

La telecabina se ralentiza y se detiene en la estación intermedia del funicular, que se encuentra a mitad de camino entre la cima y el valle. Un par de personas entran en nuestra cabina. Walter otea en dirección a la terraza del restaurante que se divisa desde donde nos encontramos.

–¿Buscas algo en concreto? ¿Quizás a Margit? Seguro que hace tiempo que llegó al pueblo. No seas tan impaciente. La volverás a ver dentro de poco.

Walter sonríe con una graciosa mueca, y no dice nada.

La telecabina levita lentamente hacia Oberstdorf. Hacia mi acogedora habitación en la pensión familiar en la que me alojo. Hacia una reconfortante ducha. Hacia una humeante taza de café y un delicioso trozo de tarta casera en una cafetería. Hacia la prolongación de un día especial.

Capítulo 7: Cambio

Deambulo lentamente por las idílicas calles de Oberstdorf hacia mi pensión. Por las tardes, este pintoresco pueblo se llena de vida. Los senderistas regresan de sus excursiones. Los turistas toman café cómodamente en las concurridas terrazas. Un niño chilla: «¡mira, mami, hay vacas en la calle!» y, efectivamente, veo a un ganadero guiando una pequeña manada de vacas, que van por medio del pueblo hacia su establo. En lugar de bocinas de coches, se oye el tintineo de los cencerros de las vacas. «Qué agradable que aún exista algo así. Aquí el mundo todavía está en orden», cavilo.

En la terraza de la heladería más popular del pueblo, la gente disfruta de un delicioso helado y sonríe de oreja a oreja. Ando unos pasos más y me siento en la acogedora cafetería, en la que Elena y yo hemos pasado tantos momentos felices. Ya durante las caminatas por la montaña empezábamos a hablar sobre qué tarta íbamos a pedir ese día. Se nos hacía la boca agua tan solo con imaginárnoslo. Echo un poco de azúcar sobre la espuma de mi *cappuccino*, me pongo una cucharadita de esta dulce espuma en la lengua, y cierro los ojos con placer mientras se deshace en mi boca. El pastel de arándanos con merengue tiene una pinta irresistible. Si Elena estuviera aquí, seguro que habría pedido la tarta de queso. Se habría sentado en una mesa desde la que se divisa toda la cafetería. Entonces empezaría a mover su café con leche, mi *cappuccino*, los pasteles y el pequeño florero de aquí para allá, hasta que estuviera satisfecha con el resultado para hacer una bonita foto. «Mira, cariño, ¿no es preciosa?», me preguntaría emocionada, mientras me pondría la pantalla de la cámara con su obra de arte frente a la cara. Y yo, impaciente y sin poder ver más que una borrosa imagen –porque desde que necesito gafas para leer, de cerca no veo tres en un burro– solo puedo pensar en comerme por fin mi pastel.

–¿Hoy viene solo? –me pregunta la camarera.

–Sí –contesto escuetamente. Para no profundizar en el tema, desvío su atención con un cumplido:

–La tarta es excelente, como siempre.

Me siento bien en este lugar, rodeado de estanterías de madera repletas de tarros de mermeladas caseras y miel, botellas de aguardiente y otras especialidades autóctonas. Desde mi mesa, puedo ver una pequeña tienda de quesos contigua a la cafetería. Enormes quesos, leche fresca y crujientes panes rústicos hechos al horno de leña esperan a ser deleitados.

De camino hacia la pensión contemplo los escaparates de las tiendas de esculturas de madera y, frente a los numerosos restaurantes, leo en las pizarras sus especialidades del día. Codillo de cerdo al horno con ensalada de col; trucha con patatas cocidas y verduras de temporada; ternera en salsa con pasta casera («eso pediría Elena», pienso con nostalgia).

Tras pasar junto a una impresionante y milenaria casa rústica, una vaqueriza y muchas típicas casas de campo con grandes y cuidados jardines, llego a mi pensión. El propietario está con su hija pequeña junto a la puerta, y me saluda cordialmente. Dice «¡bienvenido!», y me siento bienvenido.

Como de costumbre, he reservado una habitación con balcón y vistas al jardín. El tradicional banco rinconero de madera, cubierto de coloridos cojines, concede a la estancia un toque muy acogedor. En otro rincón, la típica estufa de azulejos verdes, desprende confort –incluso en verano y apagada–, ya que evoca el agradable calor que desprende en invierno.

Sin embargo, hoy esta habitación se me antoja más grande y vacía que nunca.

Sin Elena.

La ducha reconforta mis agotados miembros. Dejo caer el agua unos diez minutos sobre mi cuerpo. Envuelto de cintura hacia abajo en una toalla de baño, salgo al balcón y disfruto de los últimos rayos de sol, justo antes de que el astro rey se oculte tras la impresionante silueta de las montañas.

Me tumbo, totalmente relajado, en la amplia cama, y enciendo la televisión. A ver qué ponen. El mando a distancia no funciona bien, como siempre. Trabajosamente, hago *zapping* unos segundos, y me detengo en un canal de noticias. En poco tiempo estoy perfectamente informado sobre todos los pésimos acontecimientos del día. ¿Por qué los medios de comunicación prácticamente solo informan sobre malas noticias? ¿Acaso es eso lo que quieren los telespectadores? ¿Nos sentimos más satisfechos cuando vemos que a otras personas les va peor que a nosotros? ¿O es que realmente no hay más que sufrimiento en el mundo?

Tras esa divagación, apago la tele y me quedo dormido.

A las 19:30 h. suena mi despertador. Me visto y me dirijo hacia el Ayuntamiento, donde he quedado con mis nuevos amigos.

Está anocheciendo y empieza a refrescar. La luz crepuscular hace relucir los montes en tonos rojizos, y los contornos de las cimas se ven perfectamente nítidos. En el horizonte ya se divisa la luna.

Al salir de la pensión, respiro profundamente un par de veces, como queriendo inhalar toda la energía del lugar, y echo a andar.

Cuando llego, Margit y Walter ya están donde habíamos quedado. Están tan absortos en su conversación, que no se percatan de mi llegada hasta que les saludo con un enérgico «¡hola, chicos!»

–¡Hola Oliver! Margit estaba contándome algo gracioso. Imagínate: unos huéspedes de su hotel le han dicho que en la terraza de la estación final del teleférico había un colgado borracho gritando que tiene una cerveza y es feliz.

–Casi me muero de risa. ¿Puede ser, queridos amigos, que el Club de la Gente Feliz ha vuelto a hacer de las suyas? –añade Margit con guasa.

Nos echamos a reír, hasta que empiezan a dolernos los abdominales. En ese instante, pasa precisamente ese matrimonio del hotel de Margit por nuestro lado. Su horrorizado semblante al ver a Margit junto con el alcohólico loco, nos proporciona un tema para cachondearnos un buen rato.

–¿Dónde estará la parejita? –se pregunta Margit, mientras mira su reloj de pulsera. –Ya son las ocho y veinte. Si no nos vamos pronto, nos quedamos sin cenar. Aquí la mayoría de los restaurantes sirven comida caliente solo hasta las nueve de la noche.

–Vamos a esperarles unos diez minutos más, ¿ok? –propongo.

–No van a venir –opina Walter. –¿A qué santo va a salir por la noche una pareja tan joven con estos tres carrozones? Seguro que se están zampando una pizza por ahí, y después se van de marcha al *Irish Pub*.

–Pero han dicho que sí querían quedar con nosotros –le contradice Margit.

–Sí, pero solo lo han dicho por educación. Seguro que se lo han pensado mejor al quedarse a solas –reafirma Walter.

–Quizás todavía se están peleando y no están de humor para una agradable noche con el Club de la Gente Feliz – agrego.

–O puede que todo lo contrario: es posible que en estos momentos estén reconciliándose en la habitación –conjetura Margit, y sus mejillas se sonrojan ligeramente.

–¡Menuda jeta, la parejita en la cama y nosotros aquí esperándoles! –protesta Walter. –Así que, ¡en marcha!, ¿ok?

Nos decantamos por un acogedor y rústico restaurante, conocido por su excelente cocina casera. Poco después de haber pedido la cena, Margit no puede contener más tiempo su curiosidad:

–Bueno Oliver, ¿cómo continúa tu historia?

–¿De veras queréis haceros esto? –es mi respuesta.

–Por supuesto. Intuyo que detrás de tu alegre apariencia se oculta un misterioso secreto –especula ella.

El camarero nos trae dos copas de vino y una cerveza, y seguidamente hacemos un brindis.

–Ok, el principio de mi historia ya lo conocéis: a pesar de mis numerosas y lucrativas actividades paralelas, logré licenciarme. Por fin podía comenzar la verdadera vida laboral. ¿Cuál era mi sueño? Ser asesor de empresas. Codearme con los directivos de grandes empresas, participar en proyectos de primer rango, impulsar cambios decisivos, moldear el futuro de las compañías y sus empleados; obteniendo, además, una nada despreciable remuneración por ello. Para conseguirlo, consideré necesario tener algo más que una simple licenciatura en Económicas, de modo que decidí hacer el doctorado. Doctor en Economía, ¡no suena mal! Sin dejar de currar en cualquier cosa que me saliera, en dos años conseguí adornar mi apellido con el título de "Dr."

–¡Eso es fantástico, Oliver! Muchos desearían tener un currículum como el tuyo –comenta Walter.

–Supongo que sí. Sin embargo, durante mi época de estudiante no disfruté demasiado de la vida. Durante los dos años del doctorado, pasé cada momento que tenía libre en la biblioteca de la universidad. Y, nada más terminar, fui contratado por una prestigiosa asesoría de empresas. Con 28 años ya estaba justo donde quería estar. ¿Y luego? Vivir para trabajar. Del 2 de enero al 31 de diciembre. De lunes a domingo. Día y noche. Naturalmente, de vez en cuando tenía unas cortas vacaciones, preferiblemente con algún colega del trabajo, y siempre con un intenso programa de ocio: por ejemplo, dos días de esquí, incluyendo el viaje de ida y vuelta, o cinco días en las Bahamas, contando las 20 horas de vuelo... No cabe duda de que aprovechábamos el escaso tiempo para conquistar el mayor número posible de chicas, por supuesto solo para un rato, sin ningún tipo de obligaciones. Es increíble lo rápido que uno puede acostumbrarse a ese modo de vida. Prácticamente no te das cuenta de que en el mundo exterior hay algo más. De eso se encargan a la perfección las grandes asesorías de empresas, con un variado surtido de golosinas: hoteles de 5 estrellas, coches de lujo, vuelos en primera clase, secretarias dispuestas a hacerte la vida más cómoda para que nada te distraiga del trabajo y, cómo no, las magníficas fiestas que organizan para sus empleados, con alcohol hasta caerse de culo (un poco de diversión también es necesario de vez en cuando). La empresa sustituye a la familia y los amigos. Y realmente uno llega a pensar que tiene todo lo que necesita. Con este trepidante ritmo de vida, el tiempo pasa volando. De repente tienes treinta y muchos. Aparecen los primeros indicios del estrés permanente: un tic nervioso en un ojo, herpes en los labios, dolor de espalda, y algún pinchazo que otro en el corazón... El pelo de la mayoría de mis compañeros se pobló de canas prematuramente. Los menos afortunados sufrieron su primer infarto.

El aroma de un codillo de cerdo recién asado anuncia que el camarero se acerca a nuestra mesa con tres platos bien llenos.

–¿Para quién es el entrecot con pasta y ensalada? –pregunta.

–¡Para mí! –anuncia Walter con alegría anticipada.

–Yo he pedido el filete de ternera lechal –anuncia Margit, facilitando la tarea al camarero.

Seguidamente me sirve el codillo, y los tres nos entregamos con pasión al placer de comer. Todo es tan sabroso que durante un buen rato no decimos nada más que «¡hmmm!» y «¡qué rico!», lo cual decepciona visiblemente a la pareja de la mesa de al lado, quienes, desde nuestra llegada, habían aguzado el oído para no perdese un ápice de nuestra conversación. De pronto no hay nada interesante que cotillear. Nuestro repentino silencio les hace ser conscientes de que no tienen nada que decirse. Como, por desgracia, ya han terminado sus platos, que les servían de excusa para no tener que comunicarse, la única salvación posible que se les ocurre contra su incómodo mutismo y el desagradable aburrimiento que les persigue allá donde van, es tomar un postre, un café, un licor digestivo, o pedir la cuenta y marcharse. Se declinan por quedarse cómodamente sentados, bebiendo un aguardiente, con la esperanza de que por fin haya en breve algo que husmear en las mesas contiguas.

–Qué bueno estaba todo, ¿verdad? –sostiene Margit.

–Excelente. ¡Y qué porciones tan abundantes! Seguro que no es la última vez que vengo –asegura Walter.

Con la boca llena, no puedo más que asentir con la cabeza.

–Termina de cenar tranquilamente, Oliver. Nosotros hemos comido mucho más rápido que tú –prosigue Walter.
–No puedo quitarme esta mala costumbre de tragarme la comida como un pavo. Me educaron así. Desde mi infancia siempre he oído que «la gente trabaja con la misma velocidad que come».

Margit le interrumpe:

–¡Yo también conozco ese dicho! Mis padres solían decir lo mismo. Supongo que forma parte de nuestra educación y nuestra cultura. Lo normal en las empresas alemanas es hacer una pausa de 45 minutos para almorzar, ¡con tan poco tiempo no se puede comer sosegadamente!

–¡45 minutos, qué lujo! –replico. –Yo antes me tragaba el almuerzo en 20 minutos, sin separarme del ordenador. Por regla general, algo de comida rápida calentada en el microondas, excepto cuando tenía un almuerzo de negocios, claro. Entre horas picoteaba frutos secos, chocolate, gominolas, y litros y litros de café. Desde que cambié mi vida, le presto más importancia a una alimentación saludable. Por cierto, ¿conocéis el dicho "trata tu cuerpo de tal modo que tu alma quiera vivir en él"? Creo que mi alma me encuentra hoy día bastante más simpático que antes. Le he regalado un hogar más bonito. Para mí no solo es importante lo que uno come, sino también cómo lo hace. ¿Por qué comer únicamente para saciarse, cuando se podría de paso disfrutar con ello? Fijaos en los europeos del sur. Se toman su tiempo para hacer la compra, cocinar y disfrutar de las comidas, preferiblemente en buena compañía. El acto de comer no es tanto una necesidad fisiológica como una parte fundamental de su vida social. Por ello están dispuestos a gastar más dinero en productos frescos y de calidad. Excepto, claro está, los que se están viendo terriblemente afectados por la actual crisis y, por otro lado, los que se dejan engatusar por la publicidad de las multinacionales de comida basura. Lamentablemente, la crisis económica y la globalización está destrozando a pasos de gigante su cultura gastronómica. Sin embargo, todavía les superamos con creces. ¿Sabíais que los alemanes, a pesar de ser uno de los países más ricos de Europa, somos uno de los que menos gastan en alimentación en relación con nuestros ingresos?

–Me lo puedo imaginar –contesta Margit. –Aunque, con la moda de la comida ecológica, están cambiando las cosas... Por lo menos en mi caso. Desde que estoy enferma, he modificado mi alimentación por completo. Lo único que me está costando cambiar es lo de comer tan rápido. Espero llegar a conseguirlo, si no es demasiado tarde para mí...

La enfermedad de Margit, la cual casi habíamos olvidado, vuelve a estar presente. Creo que a los tres nos une el mismo pensamiento: «¿por qué esperamos siempre a que casi sea demasiado tarde para actuar?»

Esta reflexión me recuerda mi propia historia, y siento ganas de continuar contándola. En realidad, es la primera vez que le abro a alguien la puerta a mi privacidad. Una experiencia totalmente nueva para mí. Siempre he estado en contra de airear mi intimidad. «Mi vida privada es asunto mío y de nadie más», solía afirmar rotundamente. Hoy, incluso me siento a gusto hablando sobre mí. Otro cambio. Me gusta. De modo que me dispongo a proseguir:

–Ok, ¿os apetece todavía escuchar qué me ocurrió después?

La mirada de nuestros vecinos de mesa vuelve a brillar.

–¡Pues claro que sí! –corrobora Walter. –Hasta el momento no he escuchado ningún drama. ¿Por qué dices que te has salvado de ti mismo, tal como nos has contado esta mañana? Todo te fue de maravilla. Eras joven y exitoso, ¿qué tiene eso de malo? Es normal que tuvieras que trabajar tanto. Yo lo he hecho toda mi vida. Quién algo quiere, algo le cuesta.

–Walter, ¿qué querías realmente alcanzar en tu vida? Algo has sacrificado: tu matrimonio. ¿Ha merecido la pena, o quizás harías muchas cosas de otro modo, si pudieras dar marcha atrás?

Margit me echa una asombrada mirada, justo antes de observar a Walter con curiosidad. Mis palabras tan claras y directas delante de Margit parecen haberle cogido por sorpresa, y le dejan pasmado y algo nervioso. Reacciono con celeridad.

–No quiero inmiscuirme en tu vida, ni propasarme contigo, amigo mío. Si te disgusta que sea tan sincero, y no quieres que hablemos de ti, dímelo y lo respetaré. Pero, si no me equivoco, hoy los tres queremos por una vez hablar sobre nuestras vidas sin tapujos. Sobre el tiempo, las vacaciones y esos temas superficiales, ya conversamos más que suficiente, ¿no creéis?

Nuestra acompañante femenina toma la palabra:

–Oliver, ¡a mí me parece genial! Es tan refrescante poder desahogarse sin pelos en la lengua. Casi siempre interpretamos un papel. Ante mis clientes soy una diligente mujer de negocios, competente y fiable. En mi vida privada soy una señora de lo más complaciente: cariñosa madre y ama de casa, solícita amiga, perfecta anfitriona... Siempre tengo que satisfacer a todo el mundo. Y eso me hace sufrir un estrés insoportable. Aunque en realidad me encantaría irme más a menudo de vacaciones, me quedo en la empresa y trabajo. Aunque no me quedan fuerzas después de una intensa semana laboral, el fin de semana invito a mis amigos a comer en mi casa, la cual, ni que decir cabe, tiene que estar reluciente, y me paso todo el puñetero sábado limpiando, haciendo la compra y cocinando. Cuando, al final, caigo medio muerta en la cama, me pregunto: «¿para qué todo esto? ¿Por qué lo hago?» Mi asqueroso perfeccionismo me obliga a estar pendiente de todo, y nunca me permito charlar relajada y plácidamente con mis amigos. Todos están ahí sentados, comiendo, bebiendo y conversando distendidamente, mientras que yo me ocupo de que no falte nada en la mesa. Ni siquiera me tomo el tiempo de comer bien, y ninguno de ellos se da cuenta. Mi alimento son sus elogios al despedirse: «¡Qué noche tan agradable, Margit! ¡Eres la anfitriona perfecta! ¡Estaba todo delicioso! ¡Y qué buen gusto tienes decorando la mesa! ¡Tenemos que repetirlo pronto!» Esas palabras de agradecimiento son como un bálsamo para mi alma, y enseguida les propongo posibles fechas para *disfrutar* de otra *agradable* noche en nuestra casa.

Gracias a la naturalidad de Margit, Walter ahora está mucho más relajado. Sonriente y asintiendo con la cabeza, se confiesa:

–¡Cuánta razón tienes, Margit! ¿Por qué tenemos que interpretar siempre delante de los demás el papel del vencedor? Da igual a quién preguntes, casi todo el mundo te cuenta que le va bien. Todos estamos ocupadísimos, todos somos imprescindibles, todos tenemos planes importantes, nuestras familias son inmaculadas, estamos orgullosísimos de nuestros hijos... A nadie se le ocurriría revelar la verdad: que nuestra empresa está al borde de la quiebra y luchamos por sobrevivir; que a menudo en el trabajo no hacemos más que tareas rutinarias y sin importancia, mientras soñamos con cometidos más interesantes; que nos encantaría dimitir, pues nuestra labor ha dejado de gustarnos, pero no nos atrevemos; que nuestra relación sentimental está sumida en una crisis desde hace años; que nuestros hijos solo nos visitan cuando necesitan algo...

–Qué extraño, si sabemos todo eso, ¿cómo es que no nos preguntamos más a menudo a lo largo de nuestra vida si vamos por el camino correcto? Al menos en cuanto nos percatamos de que algo no va bien: cuando cada mañana nos arrastramos sin ganas hasta el lugar de trabajo, cuando cada tarde llegamos desanimados a casa, cuando nuestro cuerpo nos da señales de que algo no funciona, cuando ya no somos capaces de alegrarnos por las pequeñas cosas, cuando nos enfadamos por cualquier nimiedad y nos volvemos agresivos con excesiva rapidez, cuando ni recordamos la ultima vez que reímos de verdad, como cuando éramos niños... Sería sensato hacer balance antes de estar en números rojos. Si yo mismo no hubiera esperado tanto, me habría ido mucho mejor. Pero no, me precipité de bruces en la catástrofe. Exactamente igual que tú, Walter, por aquel entonces estaba convencido de que es absolutamente normal consagrar la vida al trabajo, si uno quiere tener éxito. Y, durante un tiempo, fue la decisión correcta para mí. Mi problema fue que no supe reconocer cuando tenía bastante.

Walter me interrumpe:

–¿Pero tú crees que realmente se llega a tener bastante éxito? Según mi experiencia, el éxito, la responsabilidad y el reconocimiento de los demás, crean adicción. Una vez que has probado ese dulce sabor, cada vez quieres más. Probablemente te pasó eso: nunca tenías suficiente.

–Cierto. Tan pronto como alcanzaba mis metas, ya tenía nuevos retos en mente, cada vez más exigentes. Con el fin de obligarme a rendir al máximo, tuve la grandiosa idea de endeudarme hasta las cejas, lo cual aumentó la presión y ya no pude aflojar. Compré un par de pisos para alquilar. Si algo salía mal, estaba arruinado.

Margit inquiere impaciente:

–Y, ¿salió algo mal?

–No, al contrario: entonces conocí a la mujer de mi vida.

Esta información despertó ipso facto la curiosidad femenina de Margit:

–¡Venga ya! ¿Cómo lo hiciste, estando tan ocupado? ¿Dónde la conociste?

–De vacaciones. Fue muy romántico. Yo estaba en la terraza de un bar con vistas al puerto de Marbella. En lugar de mesas había grandes barriles de vino. Estaba sentado en un taburete alto, en una de esas originales mesas, con unos amigos. Era una noche de verano muy especial. Estaba a punto de comenzar un castillo de fuegos artificiales, que prendían desde varios barcos en el mar, no lejos de la playa. Los turistas y los autóctonos contemplaban el mar con expectación. Justo en el instante en que el primer cohete iluminó el cielo nocturno, vi a Elena. Estaba sentada justo frente a mí, y este idiota ni se había percatado de su presencia. Quizás miramos con demasiada frecuencia en nuestras vidas en la dirección equivocada. Ahí estaba ella –bella, exótica, excitante– tan cerca de mí. Sus almendrados ojos oscuros, su largo cabello negro: puro fuego español. Me fascinó espontáneamente. Mi corazón latía sin control. La rodeaba un aura, que me atrapó de un modo mágico. Su mirada delataba seguridad en sí misma, mientras que su sonrisa era fresca y contagiosa, como la de una niña pequeña. Exactamente así es como me había imaginado siempre a la mujer de mis sueños... Tenía que llamar su atención como fuera. De modo que comencé a alabar con voz bien alta los fuegos artificiales, que entretanto habían adquirido dimensiones descomunales:

«¡¡¡ohh, ohhh, ohhhh!!!». Y funcionó. Se giró hacia mí. Nuestras miradas se cruzaron y echaron chispas.

El mero recuerdo de aquel precioso instante me produce un cosquilleo en el estómago, como si hubiera ocurrido ayer, y no hace ya 15 años. Siento como la nostalgia se apodera de mí, y decido proseguir con mi relato con algo menos de romanticismo:

–Ese momento puso mi vida patas arriba. Mi propósito de no enamorarme, al menos no todavía, repentinamente no tenía ningún sentido. Solo quería estar con esa chica. Me planteé la conquista de Elena como otro de los planes prioritarios de mi vida. Dos años después estábamos felizmente casados.

–¡Eso es estupendo, entonces tuviste suerte hasta en el amor! –subraya Walter.

–Sí, pero la suerte puede ser destruida, si se persiguen las prioridades erróneas. Aunque, de ello os hablaré luego.

–Ahora sí que nos tienes intrigados. Y, ¿qué pasó después? ¿Te llevabas bien con la española? Me imagino que no debe ser nada fácil, con dos culturas tan distintas –dice Margit.

–Fue el proyecto más excitante, complicado y maravilloso de mi vida. Siempre me han gustado los retos. Y, si tienes metas claramente definidas, todo es alcanzable. Solo hay que tener claro lo que se quiere. Al principio, ambos deseábamos lo mismo: ser felices juntos. Para ello, era esencial conocer a fondo nuestras respectivas culturas, comprenderlas, aceptarlas y respetarlas. No nos aburríamos ni un segundo. Teníamos tanto que compartir el uno con el otro... Es increíble lo distintos que somos los europeos entre nosotros. Muchas características de la cultura ajena nos fascinaban, muchas otras nos escandalizaban.

–¿Cómo qué, por ejemplo? –se interesa Walter.

–Uff, ¿por dónde empiezo? Incluso un vocablo aparentemente inofensivo, como por ejemplo la palabra "normal", provocaba palpitantes discusiones. Lo que para uno era normal, para el otro era totalmente extraño. El café, sin ir más lejos. «Me muero por un café normal», me dijo después de haber tenido que beber café de filtro para desayunar durante días en mi casa. «Pero esto es café normal», la contradije. «¡De eso nada! En mi país, un café normal es como un *espresso* italiano, con o sin leche –según el gusto de cada uno–, en una taza mediana. Y no un tazón gigantesco lleno de este indescriptible brebaje negruzco con sabor a aguachirle», fue su respuesta. Y todavía me divertí más la primera vez que le ofrecí un huevo cocido para desayunar. Nunca olvidaré su atónita mirada. Clavó los ojos en el pobre huevo y me preguntó qué se suponía que tenía que hacer con él. «¿Cómo que qué tienes que hacer con el huevo? ¡Pues cómetelo! ¡Es un "huevo de desayuno"!», le expliqué. «¿Cómo? ¿Coméis huevos cocidos para desayunar? ¿Te puedes comer un huevo a estas horas de la mañana, tan temprano?», me interpeló perpleja. Me aclaró que en su región no existía el "huevo de desayuno".

Hoy día, adora los huevos pasados por agua para desayunar, ¿no es gracioso?

»¡Ah, otra anécdota curiosa! Nuestro primer paseo por la zona peatonal de Múnich. Era mediodía y la gente salía de las oficinas durante su pausa para almorzar. Visiblemente irritada, oteó las masas de personas. «¿Por qué observas a la gente de ese modo tan raro?», quise saber. «Mira, casi todos van comiendo por la calle. ¿Es que no van a casa o a un restaurante a comer? ¡Todos van corriendo de aquí para allá dando mordiscos a un bocadillo! ¿No se atragantan?», me explicó. Parecía no entender el mundo al ver esos hombres y mujeres de negocios tan elegantemente vestidos y con un bocata de fiambre en la mano. Eché un vistazo a mi alrededor, ¡y tenía razón! Toda la Plaza del Ayuntamiento estaba repleta de gente engullendo su almuerzo en dos bocados. «¡Es verdad! Nunca me había fijado en eso. Pero, ahora que lo dices, sí, en realidad aquí eso es totalmente normal. La mayoría de la gente no se toma mucho tiempo para comer. Muchos lo llevan a cabo rápidamente, de paso, mientras que van a algún sitio o hacen cualquier otra cosa». Ella no pudo ocultar su espanto: «pero eso tiene que ser muy insano. A mí me entraría dolor de estómago de comer tan deprisa y de pie. En la pausa de mediodía todo el mundo debería permitirse un descanso, ¿no?» Esa fue la primera vez que reflexioné sobre el tema de un estilo de vida saludable. Quizás no cambiamos nada en nuestra vida porque no nos planteamos las cuestiones adecuadas. Por suerte, yo tenía alguien a mi lado que me hacía preguntas críticas constantemente. Siempre le estaré agradecido por ese regalo.

–Ahora que lo dices, es cierto, yo también he comido mil veces en la calle y nunca me he cuestionado si eso es bueno o no. Es algo que uno hace por costumbre, supongo que como todos los demás –confirma Walter. –¿Y en qué otras cosas érais distintos? El tema de las divergencias entre países me resulta francamente interesante.

A juzgar por su atención, a nuestros vecinos de la mesa contigua también. Entretanto, ya no nos espían clandestinamente, sino que nos escuchan sin disimular. Se les nota que les encantaría acercar sus sillas a nuestra mesa para participar en la conversación "oficialmente". Evidentemente, no lo han hecho, y han continuado escuchándonos de un modo pasivo.

–Es realmente asombroso lo distintos que somos. Algo tan banal como ir de compras, por poneros un ejemplo. Elena se horrorizaba al ver las prisas que todos, compradores y vendedores, parecían tener. ¡Qué gracia me hizo cuando me dijo que la gente aquí confunde el carro de la compra con un coche de carreras! Un día, en el supermercado, me contó que, al detenerse brevemente en el pasillo, frente a una estantería, una anciana casi la atropelló con el carro de la compra. La señora se enfadó porque el carro de Elena estaba bloqueando su camino, y utilizó el suyo como un auto de choque para –con una violencia apabullante en una *dulce ancianita*– quitar de enmedio el obstáculo. Esta mezcla de prisa y agresividad con la que se veía confrontada en los supermercados alemanes, confundía a Elena sobremanera. «¿Por qué la gente aquí no puede esperar un momentito? ¿De qué les sirve si llegan a las cajas un par de segundos antes? ¿Y por qué no me preguntan sencillamente si les puedo dejar pasar...?» Seguidamente, el estrés en la caja. Elena no daba abasto llenando las bolsas de la compra, ya que las cajeras le pasaban los productos adquiridos a la velocidad de la luz. Durante las primeras semanas en Alemania, no era capaz de llenar las bolsas con la celeridad requerida. Como consecuencia, se le amontonaban los artículos, mientras los demás clientes manifestaban su disgusto poniendo los ojos en blanco y resoplando sin parar. Me hacía reír cuando me susurraba al oído ocurrencias como: «la cajera se comporta como un robot. ¡Hooola, ¿hay vida ahí dentro?! Todo lo que dice *"¿Estaba todo a su agrado? Que pase un buen día"* suena como frases estándar, que no se dicen de corazón, sino que se aprenden de memoria en un seminario para empleados. Es obvio que ni siquiera espera una respuesta. Tiene que seguir cobrando lo antes posible, para que no se formen largas colas, y los clientes no se quejen». Elena me explicó que en su ciudad natal el ir de compras era bastante distinto. Los vendedores y cajeros charlan amablemente con los clientes, a quienes tratan de un modo más personal y humano. Además, suelen ayudar a rellenar las bolsas, mientras que el resto de clientes en la larga cola esperan con más paciencia que un santo a que les toque el turno. Yo le repliqué que así se malgasta un montón de tiempo para hacer la compra. Su respuesta fue: «sí, es cierto, se necesita más tiempo, pero regresas a casa más feliz».

–Con el carácter de los españoles algo así es imaginable, pero aquí sería impensable. ¿Quién tiene hoy día tanto tiempo para hacer la compra? Tengo que admitir que yo me pongo muy nerviosa cuando estoy en la cola y no avanza –afirma Margit.

–¿Porque crees que luego ese tiempo que has perdido te faltará para hacer otras cosas? ¿Para qué? –cuestiono. – Seamos sinceros, ¿cuántas horas pasamos cada día haciendo cosas innecesarias, como ver en la tele algún estúpido programa que ni siquiera nos interesa? ¿O en internet, surfeando sin rumbo por la red, dejándonos seducir por titulares sensacionalistas, o por las bobadas que la mayoría de la gente publica en las redes sociales? Por otro lado, ¿de qué hablamos exactamente: de cinco o diez minutos? ¿Y para eso tanto estrés? No sé, quizás estoy tan influenciado por la mentalidad de Elena, que veo las cosas desde otra perspectiva. Tengo que decir que una convivencia más cordial me agrada bastante, y estoy dispuesto a "sacrificar" un poco de mi tiempo por ello.

–¿Es la convivencia verdaderamente tan distinta aquí en nuestro país y en los países del sur? –se asombra Walter.

–Sin lugar a dudas, hay de todo en todas partes. Si bien, generalizando, se puede afirmar que son mundos muy distintos. Os lo explico con un pequeño ejemplo sobre el tema hospitalidad. ¿Visitaríamos nosotros a conocidos o amigos sin "cita previa"? –acentúo el término "cita previa" con un leve tono sarcástico. –¿Te invitan los vecinos a pasar a su casa cuando, sin "cita previa", les llamas al timbre por cualquier motivo? Más bien no, ¿verdad? Normalmente, te quedas plantado delante de su puerta. Por supuesto,

esto también te puede suceder en España, y me temo que cada vez con más frecuencia, pues muchos están perdiendo las buenas costumbres que tanto honraban a sus mayores. No obstante, todavía hay más gente allí que aquí que no solo valora, sino también practica, la hospitalidad. Según tengo entendido, esto varía dependiendo de en qué región te encuentras; cuanto más al norte, más se asemejan a nosotros. Pero, en las regiones del sur puedes pasar por casa de la gente sin *"cita previa"*, habitualmente te invitan a entrar y, por regla general, incluso te ofrecen algo para beber o comer. La comida aparece en la mesa como por arte de magia, y te la ofrecen diciéndote algo así como: «donde comen cuatro, comen cinco». ¿No os parece agradable?

Margit reacciona con escepticismo:

–Sí, pero a mí no me gustaría nada si de repente alguien se presenta en mi casa sin avisarme previamente. ¿Y si tengo la casa desordenada? Si viene visita, quiero saberlo para estar preparada. ¿Es normal, no?

–Y de nuevo volvemos al tema. ¿Qué es lo *normal*: el perfeccionismo de unos o la distensión de otros? Cada uno tiene que decidir por sí mismo –opino al respecto. –Elena solía decir que toda moneda tiene dos caras. La eficiencia alemana le resultaba por un lado casi inhumana, y por otro lado le fascinaba lo mucho que esa cualidad germana puede facilitar la vida. Nunca olvidaré su expresión de asombro el día en que solicitamos los servicios de un fontanero, y éste vino a casa el día acordado y exactamente a la hora concertada. Nunca había vivido algo así en España. Con entusiasmo, nos ilustró a mí y al fontanero sobre el proceso habitual en caso de reformas en su región: verano, 38 grados, nivel de humedad en el aire 85%. La máquina de aire acondicionado se estropea. Uno corre hacia el teléfono y llama al técnico. Por supuesto, no está localizable. La secretaria asegura que el técnico nos devolverá la llamada a lo largo de la mañana. A las 12 h. todavía no ha llamado nadie, así que uno vuelve a llamar. La secretaria se disculpa amablemente, y promete que nos llamará en la próxima hora. A las 14 h., chorreando de sudor, uno se dirije de nuevo al teléfono. Sale el contestador automático. Uno deja un mensaje desesperado, a sabiendas de que nada va a ocurrir hasta que finalice el largo descanso para comer, usual en España. A las cinco de la tarde uno llama de nuevo. La secretaria quiere "quitarse el muerto de encima" y te da el número de móvil del técnico. Así que, uno llama directamente al técnico. Con un poco de suerte, coge el teléfono. Se le explica la emergencia, y él promete muy amablemente que nos llamará para concertar una cita lo antes posible. Pero nadie nos llama.

»Al día siguiente, uno se pone de nuevo en contacto con el técnico. Como pretexto, nos cuenta teatralmente lo ocupadísimo que está y el estrés que sufre, hasta que casi te da lástima. Pero, por desgracia, todavía no puede confirmarnos si le resultará posible venir a lo largo de ese día o no. Horas más tarde llama por teléfono y dice que vendrá el día siguiente a las 9 h. Uno lo organiza todo para poder estar en casa cuando llegue el técnico. A las 9:45 h. le llamas, porque todavía no ha llegado. Entonces te cuenta las excusas más creativas que uno se puede imaginar. Asegura llegar como muy tarde a las 11 h. A las 11:30 h. llega por fin, si bien tiene que marcharse cinco minutos después, al percatarse de que ha olvidado una herramienta imprescindible. De camino a su taller, probablemente se para en un bar a tomarse un café, ya que no aparece por casa hasta las 13 h. Comienza a trabajar, y sobre las 14 h. se va a comer. A las 16 h. regresa, pero solo se queda una hora, debido a que esa tarde tiene una cita importante: tiene que llevar a su hijo a jugar al fútbol. Antes de irse, te cuenta toda su vida privada y te promete amablemente que el día siguiente vendrá a las 9 en punto. Entretanto, uno está tan aplatanado por el calor, que todo te da igual... Si estás acostumbrado a esto, la fiabilidad alemana se te antoja un milagro.

–¡Qué bien sienta escuchar que hay algo en nuestro país que es mejor que en otros! Los alemanes estamos siempre quejándonos de nosotros mismos, debido al alto nivel de exigencia que tenemos, y olvidamos cómo podría ser... Nos imaginamos que la vida en los países más cálidos es tan fácil, y más bien deberíamos aprender a valorar lo que tenemos –opina Walter.

–Precisamente eso, reconocer (a través de los ojos de Elena) la gran cantidad de cosas positivas que tenemos aquí, fue para mí una experiencia de lo más gratificante. ¿Queréis saber cuál era la cualidad alemana que más apreciaba ella? Nuestro "hambre de sabiduría", nuestra curiosidad, nuestro interés hacia todo lo que ocurre en el mundo. A ella le llamaba la atención lo poco curiosos que son muchos de sus compatriotas comparados con nosotros. No dejaba de asombrarle cuántas preguntas hacemos los alemanes y, sobre todo, lo atentamente que escuchamos mientras nos responden. Solía bromear diciendo que para que un español te escuche así de atento, hay que atarle a una silla y taparle la boca con un esparadrapo.

–Entonces, Elena se encontró aquí con un montón de cosas realmente distintas a lo que estaba acostumbrada... Nunca hubiera pensado que somos tan divergentes –comenta Margit.

Frunce el ceño y añade:

–Oliver, hay algo que no tengo claro: ¿sigues con Elena? Hablas de ella con una misteriosa nostalgia.

En ese justo momento, el camarero sube el volumen de un aparato de radio y todos los clientes, incluyéndonos a nosotros, miramos en su dirección y tratamos de escuchar la noticia que retransmite una emisora local. Hablan sobre un grave accidente sucedido en las montañas de Oberstdorf: una mujer de unos veintitantos años que estaba practicando senderismo, se ha precipitado por un barranco, resultando gravemente herida. Al intentar socorrerla, su compañero, un joven de aproximadamente 30 años, ha sufrido heridas leves. Han sido rescatados por un equipo de salvamento con un helicóptero, y trasladados a la Clínica de Immenstadt, donde se encuentra la Central de Emergencias del Sur de la región Oberallgäu. Debido a la alta ocupación de dicho centro, la paciente ha sido transferida al hospital de Oberstdorf, tras realizarle los primeros auxilios. Por el momento no hay más noticias sobre el estado de salud de la mujer.

–¡Dios mío, ¿y si fueran Sara y Christian?! –exclama Margit muy preocupada.

–Eso explicaría por qué no han venido. ¡Tenemos que averiguar los nombres de los accidentados! –apremia Walter.

–¡Yo iría directamente al hospital! Así estamos seguros de si se trata de ellos o no. Está cerca de aquí, más o menos por la estación. Con el taxi llegamos en unos diez minutos –propongo.

–Pero, como no somos parientes, y ni siquiera sabemos sus apellidos, no nos van a dar información –sospecha Margit.

–Déjalo en mis manos. Eso lo arreglo yo... Disculpe, ¿nos trae la cuenta, por favor?

Durante todo el trayecto en el taxi, Margit y Walter se devanan los sesos pensando cómo vamos a convencer a los empleados del hospital de que nos comuniquen los nombres de los accidentados. Desarrollan mil estrategias para resolver el problema, mientras que yo estoy de lo más tranquilo.

–Oye, Oliver, tú eres el que se ha empeñado en que vayamos a la clínica, y ahora no nos ayudas a encontrar la forma de averiguar los nombres. Sabes muy bien que ni nos van a dejar entrar en la sala de espera de la UCI –me reprocha Walter.

–Sí, eso –le apoya Margit. –Seguro que vamos en vano. «*Déjalo en mis manos*» –me imita con un tono burlón, y continúa: –¿entonces, tienes un plan o no?

–Hace ya tiempo que no me rompo la cabeza con problemas que todavía no existen –respondo imperturbable.

Al entrar en la clínica, mis compañeros siguen dándole vueltas a cómo vamos a enterarnos de lo que ha ocurrido. El vestíbulo del hospital está prácticamente vacío y muy tranquilo. El típico olor a hospital me trae recuerdos desagradables. Nos acercamos a la recepción. De repente, se abre la puerta de uno de los ascensores y sale Christian. Me giro hacia Margit y Walter, les dedico una sonrisa ligeramente cínica, y no digo nada. Seguidamente, voy hacia Christian, mientras Walter le susurra a Margit suficientemente alto para que yo lo oiga:

–Problema solucionado. Así de fácil. ¿Crees, querida Margit, que hemos aprendido algo, o volveremos a discutir la próxima vez sobre problemas que todavía no existen?

Margit se encoge de hombros y acude con paso decidido hacia Christian.

La expresión del rostro de Christian lo dice todo. Su mirada de ganador se ha esfumado. En su lugar: preocupación y miedo. Gran parte de su torso, brazos y cabeza está cubierta por vendajes. Lleva puesto un pijama de hospital, que desprende un penetrante olor a desinfectante, un enorme y desgastado albornoz blanco y zapatillas de ir por casa. Despojado de su deportivo conjunto de marca para hacer alpinismo, ya no parece tan "guay".

Cojea, y no puede evitar emitir leves gemidos a cada paso. Al intentar dirigirnos la palabra, sus labios tiemblan.

–Hola, ¿qué hacéis aquí? –dice sin poder disimular su asombro.

–Acabamos de enterarnos de lo del accidente mientras cenábamos, y hemos presentido que podría tratarse de vosotros. Así que, hemos venido al hospital sin demora –le explica Margit, y acto seguido le bombardea con un torrente de preguntas: –¿Qué ha pasado? ¿Cómo estáis? ¿Dónde está Sara?

–Yo estoy bien, pero Sara está en la UCI.

Al pronunciar las siglas UCI, Christian no puede detener las lágrimas. Baja la cabeza, oculta su rostro con ambas manos y se echa a llorar silenciosamente. Con lentitud, se arrastra hasta un rincón con sillones que hay en el vestíbulo, y se deja caer, sin fuerza ninguna, en un sillón. Le seguimos y nos sentamos junto a él. Pongo mi brazo sobre sus hombros. También Margit intenta darle apoyo cogiéndole la mano y apretándosela con ternura. Nos quedamos callados durante un momento, dejándole el tiempo necesario para tranquilizarse.

Un par de enfermeras pasan de largo sin prestarnos atención. Van hacia la recepcionista, y charlan distendidamente. Una de ellas debe de haber contado algo gracioso, ya que las tres se echan a reír. En la calle, una ambulancia, con su ensordecedora sirena, pasa a toda velocidad en dirección a urgencias. Las tres mujeres le echan una furtiva mirada, para, inmediatamente, volver a girarse y continuar con sus risitas. Bajo estas circunstancias y en este lugar, su risa produce sobre mí un efecto surrealista. A través de mi oído derecho escucho el llanto de Christian, y por mi oído izquierdo se cuelan las risas de las enfermeras. Ambos sonidos se mezclan en mi cerebro, dando como resultado una caótica confusión.

¿El dolor y la aflicción llegan a convertirse en rutina para los empleados de los hospitales, hasta el punto de que no se permiten sentir compasión? Nuestro sufrimiento aumenta al verse contrastado con su jovialidad. No puedo evitar sentirme irritado, a pesar de que soy consciente de que las personas que trabajan en hospitales tienen que protegerse de algún modo del sufrimiento de los demás. De lo contrario, tarde o temprano acabarían todos siendo pacientes en la planta de Psiquiatría. ¿Acaso no charlamos todos con la familia sobre nuestras banales anécdotas del día mientras disfrutamos de la cena, a la vez que vemos por el rabillo del ojo en el Telediario la miseria en el Tercer Mundo, dramáticos accidentes y catástrofes naturales? Las imágenes de niños muriéndose de hambre, de personas asesinadas por terroristas suicidas y de ciudades inundadas y bosques incendiados, tan solo nos impresionan superficialmente. Tras el obligado «¡madre mía, pobres personas!», esas trágicas noticias nos provocan comentarios como «¡qué lástima, allí ya no se puede ir de vacaciones...!»

Christian me libra de mis divagaciones.

–Todo ha sido culpa mía –musita cubriéndose la boca con una mano, como si no quisiera dejar salir ese pensamiento.

Retira la mano de la boca, y continúa en un tono algo más alto y lleno de amargura:

–Incluso me advirtió un par de veces de que estaba totalmente agotada. El viaje a Oberstdorf esta madrugada, y luego la subida tan empinada a la cima, ha superado sus fuerzas. Pero a mí me daba igual. Por mis narices teníamos que hacer el camino hasta el final. ¡Menudo imbécil! ¡Qué razón tenía Sara, soy un egoista! Todos tienen que seguirme la corriente, como ella siempre dice. ¿Por qué no puedo ceder alguna vez y ser más transigente? ¿Por qué no puedo relajarme un poco? ¿Por qué toda mi vida es como una competición? ¿A quién tengo que demostrar algo constantemente? ¿Por qué siempre tengo que llegar a mis límites? ¿Qué gano con ello? ¡Esto es lo que he conseguido, que Sara esté gravemente herida! ¡Por mi culpa, todo por mi culpa! Si le hubiera hecho caso...

–¿Pero, qué ha pasado? –pregunta Walter con cuidado.

–Sara no podía más, y cada vez andaba más despacio. Yo, por el contrario, aceleré el paso, de modo que la distancia entre ambos era cada vez mayor. De vez en cuando la esperaba, pero me fastidiaba bastante hacerlo. Cuando lograba alcanzarme, me burlaba de ella. Se puso nerviosa, e intentó seguirme de cerca, para que por fin la dejara en paz. Entonces llegamos a un angosto desfiladero. El camino, entre la escarpada y rocosa pared de la montaña a la izquierda y un vertiginoso barranco a la derecha, era muy estrecho. De repente oí un grito. Me giré y ella había desaparecido. Al principio no la veía por ningún lado. Grité varias veces su nombre, totalmente desesperado. Pero, excepto el eco, no recibí respuesta alguna. Y entonces vi su cuerpo inmóvil. Abajo, en el fondo de la garganta, entre la maleza y la rocalla. Dominado por el pánico, eché a correr descontroladamente barranco abajo. Me agarraba como podía en los espinosos matorrales, pero me despeñé varias veces, hasta que por fin llegué a su lado. Sara estaba inconsciente y sangraba por todas partes. Gracias a Dios, mi móvil sobrevivió a las caídas. Llamé al Servicio de Salvamento en la Montaña. Los 20 minutos que tardó el helicóptero en llegar fueron los más largos de mi vida. No podía hacer nada por ella. Ni siquiera me atrevía a moverla, por si se había roto algo. Nunca antes me había sentido tan insignificante e inútil. Estaba mareado y tenía naúseas, por las caídas, por mis dolorosas heridas, pero sobre todo por el miedo que sentía por ella. Tuve que vomitar un par de veces, si bien conseguí mantenerme consciente. De lo contrario, no nos habría encontrado el helicóptero tan rápidamente. Suplicaba que Sara no tuviera nada grave, y hablaba continuamente con ella, aunque sabía que no podía oírme... Tras llegar el equipo de rescate, todo fue bastante deprisa. Tendieron y sujetaron a Sara en una camilla, y la subieron al helicóptero. Y luego hicieron lo mismo conmigo. Después solo pude escuchar voces y el ensordecedor ruido de la hélice y del motor. Desde que llegamos al hospital no he vuelto a ver a Sara. Lo único que sé, es que todavía está en la UCI. Llevo horas esperando que los médicos me digan algo. ¡Estoy a punto de volverme loco!

–Ven Christian, vamos a tomar un café. Te va a sentar bien –propongo. Sin consultar a los demás, me dirijo hacia la máquina y traigo cuatro cafés.

Los cálidos vasos de cartón en las manos, desprendiendo aroma a café, nos reconfortan. A veces las cosas más pequeñas obran milagros. Tras tomar el primer trago, se nos acerca un médico para hablar con Christian. Tan pronto como éste le ve, se levanta de un salto y le pregunta por Sara.

–¿Puedo hablar con usted a solas? –es la inquietante respuesta del doctor.

Ambos se alejan unos pasos, y nosotros les seguimos con la mirada. El semblante del médico es serio. Sus palabras causan a Christian una fuerte impresión. Le da unas palmaditas consoladoras sobre los hombros, y se marcha. La expresión del rostro de Christian al regresar a nuestro lado es una enigmática mezcla entre alivio e indignación.

–Estaba embarazada.

–¿Cómo que *estaba* embarazada? ¿Pero cómo se encuentra?

–Un niño... Íbamos a ser padres...

–Por favor, Christian, ¡¿qué le ha pasado a Sara?!

–Ha sobrevivido, pero ha perdido el bebé... Yo no sabía que estaba embarazada, no me lo había dicho... Estaba de seis semanas... ¿Por qué? ¿Por qué me lo ocultó?

–Christian, lo más importante ahora es que Sara está viva. ¿Qué ha dicho el médico sobre su estado?

–Dadas las circunstancias, se encuentra bastante bien. Ya la han llevado a una habitación. Está durmiendo. Ha perdido mucha sangre por culpa del aborto. Además, tiene una conmoción cerebral y dos costillas rotas. Le han cosido los cortes que tenía en los brazos y las piernas. El doctor ha dicho que tendrá que quedarse en el hospital unos tres días como mínimo. A mí me dan el alta mañana por la mañana. ¡Qué va a ser de mí! Siempre tendré a nuestro bebé sobre la conciencia. Pero yo no sabía que estaba embarazada. ¡No soy un monstruo! ¿O quizás sí? ¿Acaso tenía tanto miedo de decirme la verdad porque sabía que ahora un hijo no entra en mis planes?

Christian se muestra cada vez más nervioso. Se ha levantado y camina febrilmente de aquí para allá, mientras que agita la cabeza y se muerde las uñas.

Me levanto, coloco con firmeza ambas manos sobre sus hombros, le miro fijamente a los ojos, y le digo:

–Tranquilízate, Christian. Ve a ver a Sara, y luego intenta dormir y no romperte más la cabeza. Ahora mismo no puedes pensar con claridad. Hoy te han pasado ya demasiadas cosas. Necesitas descansar. Podemos vernos mañana y hablar sosegadamente, cuando ya no estés en estado de shock, ¿de acuerdo?

–Buena idea –dice Margit. –Voy un momento a ver a Sara. Mañana temprano volvemos a hacerle una visita. Y si quieres, Christian, después de que te den el alta, te acompañamos a la pensión, y luego vamos juntos a desayunar.

Christian se frota sus enrojecidos ojos, carraspea, respira profundamente y manifiesta su conformidad.

–Ok, muchas gracias. Entonces, hasta mañana. Gracias por haber venido. De verdad que no me lo esperaba, con el poco tiempo que hace que nos conocemos...

–¡Por supuesto que hemos venido, faltaba más! –pronuncio, como si verdaderamente creyera que estar aquí es lo más normal del mundo, mientras que, en mi interior, dudo si realmente es tan normal.

¿Cuántas personas están dispuestas a ayudar a desconocidos? Tan solo hemos charlado un rato en la montaña. Amigos, lo que se dice amigos, todavía no somos. ¿Cuántas personas estarían aquí esta noche? ¿Cuántos estarían dispuestos a sacrificar una agradable noche de vacaciones para visitar en el hospital a alguien prácticamente desconocido? Sin embargo, ¿no nos alegraríamos todos nosotros si en una situación de emergencia la gente desconocida nos prestara su ayuda?

Una vez fuera del hospital, echo un vistazo a mi reloj de pulsera. Casi es media noche.

–Margit, en cinco minutos habrá pasado tu cumpleaños. En realidad, queríamos celebrarlo contigo, pero no creo que en la máquina expendedora de bebidas del hospital tengan champán para hacer un último brindis.

–¡Bah, no os preocupéis por mí! Además, ¿qué hay que celebrar? Cuando era joven me encantaba celebrar mi cumpleaños con grandes fiestas. Pero, desde que estoy enferma, no soy la misma. De hecho, debería celebrar cada día que todavía estoy viva. Pero no estoy de humor para fiestas. Mi estado de ánimo siempre ha sido algo variable. Si bien, no tanto como actualmente. Algunos días me siento extremadamente agradecida de seguir viviendo, y quisiera aprovechar y disfrutar cada segundo como si fuera el último. Esos días podría dar conferencias sobre temas como "pensamiento positivo" y "Carpe Diem", soy muy activa, realizo miles de cosas, y podría abrazar a todo el mundo. De repente, se esfuma toda esa energía, me siento frágil, apática y profundamente infeliz. Los pensamientos negativos se apoderan de mí, sin que yo pueda hacer nada en contra. ¿Por qué a mí? No entiendo mi destino. Me siento como un cenizo, totalmente desafortunada, y pienso que no merece la pena continuar luchando. No soy capaz de levantarme del sofá, donde me paso los días en pijama, viendo la tele y vegetando... ¿Queréis saber qué

93

deseo de todo corazón? Quisiera volver a tener equilibrio y armonía en mi vida, sin esos extremos. Quisiera que el temor al dolor y a la muerte desaparezca. Pero, sobre todo, anhelo encontrarme a mí misma. Ya no sé quién soy y qué deseo realmente. Mi hijo ya es un adulto y no me necesita. Para mi marido la empresa es lo más importante en el mundo. Ni siquiera recuerdo la última vez que me dijo que me ama. O que yo se lo dije a él. Seguramente, porque tan solo compartimos piso. No sabéis lo mucho que pienso últimamente en separarme. Pero no me atrevo. No estoy preparada para estar sola... ¡Así no puedo seguir! ¿Qué papel desempeño yo en mi propia vida? Fui una buena madre y esposa. Fundé e hice crecer la empresa junto con mi marido. Ahora todo eso pertenece al pasado. Daría cualquier cosa por tener de nuevo un cometido en la vida. Si pudiera volver a sentir esa sensación de ser amada y necesitada de verdad... Tengo que cambiar algo. Inmediatamente.

–Margit, precisamente hoy he llegado yo a la misma conclusión. Quizás podamos unirnos –reacciona Walter espontáneamente.

–¿Unirnos? ¿A qué te refieres, Walter? –responde Margit sin poder ocultar su asombro.

–Esto... Eh... Quiero decir que podríamos alentarnos mútuamente. Podríamos emprender algún proyecto juntos. No sé exactamente qué. Lo único que sé, es que necesito una persona como tú en mi vida.

–Eso es lo más bonito que me han dicho desde hace mucho tiempo. ¡Gracias!

Margit se queda pensativa, nos sonríe con una expresión jovial, y añade:

–Sí, ¿por qué no? ¡Podríamos unirnos, Walter!

–¡Este es un bonito final para un día tan lleno de acontecimientos! Y ahora, me muero de ganas de irme a la cama – interrumpo.

Nos despedimos cariñosamente, como buenos viejos amigos.

Walter y Margit toman un taxi juntos, y yo decido volver paseando.

Mientras camino hacia la pensión, dejo fluir mis pensamientos.

Es tarde y el pueblo duerme. Las calles están tenuamente alumbradas; algunas callejuelas, en penumbra. Las terrazas, que hace pocas horas estaban repletas de vida, ahora se encuentran vacías. Las sillas están atadas con alambres y apoyadas en las mesas. La larga cola frente a la heladería se ha desvanecido. Mis pasos en el suelo adoquinado suenan fantasmagóricos. Las siluetas de las montañas forman un impresionante trasfondo. En el lugar reina una mágica calma.

También en mi corazón. Hoy he sido testigo de mi propio cambio. No dejo de sorprenderme a mí mismo. Antes nunca hubiera regalado mi valioso tiempo a gente desconocida. Hoy día soy capaz de visitar personas prácticamente desconocidas en el hospital, durante mi primer día de vacaciones. Porque pienso que es lo correcto. Generosidad: esa es la clave.

Hay seres humanos que son desinteresados y altruistas por naturaleza. Si alguien les necesita, les dedican su tiempo sin esperar algo a cambio. Extraen satisfacción para sí mismos de la gratitud y la felicidad de los demás. Si uno posee esas cualidades de forma innata, no tiene la sensación de estar malgastando el tiempo. Así como tampoco teme que se aprovechen de él, ya que todo lo que hace, lo hace a gusto y por voluntad propia.

Por el contrario, quien no es así, tiene miedo de que le utilicen y le tomen por tonto e ingenuo. Y no le resulta difícil encontrar argumentos para justificar su comportamiento: «no tengo tiempo»; «a mí tampoco me ayuda nadie»; «¿qué espera ése de mí, si casi ni le conozco?»; «eso me faltaba, como si no tuviera yo ya bastantes problemas»... Todas esas excusas me resultaban muy familiares, hasta el día en que, por primera vez en mi vida, yo mismo ansié que alguien me ayudara. Incluso a aquellos que creen no necesitar a nadie en el mundo, se ven capaces de solucionarlo todo por sí mismos, y están convencidos de poseer una fuerza inagotable, puede asestarles la vida un duro golpe.

¡Qué solo me sentí en aquellos momentos, cuando mi vida se convirtió en un drama! Qué solo debe haberse sentido hoy Christian mientras, en el fondo del barranco, herido y junto a su novia inconsciente, esperaba al helicóptero. Y durante las largas horas que ha pasado en soledad sentado en las duras sillas de la sala de espera de la UCI. Qué agradable es ver un rostro amigo en estas situaciones...

Ojalá aproveche Christian esta experiencia para abrir los ojos y cambiar a tiempo su forma de ser y su actitud hacia los demás. Para que no llegue a la extrema situación a la que yo llegué. Y para que nunca acabe como Walter.

A punto de alcanzar la pensión, tengo la impresión de que cada vez hay más luz. Entre las nubes, aparece lentamente una enorme luna llena, casi al alcance de la mano, que ilumina las montañas y el valle con una luz blanca y clara. Cualquier insólito pensamiento está permitido en un instante dotado de tal magia. La razón me dice que tan solo es una casualidad el haber conocido hoy a personas que me recuerdan mi propia trayectoria vital, mi pasado y mi posible futuro. ¿Pero, por qué me asalta todo el día esta extraña sensación de que esos seres son, de algún modo, irreales? Si la idea no fuera una locura, me atrevería a afirmar que el día de hoy es una escenificación –organizada por yo qué sé quién o qué– para iluminar mi vida, para mostrarme que mi cambio fue necesario, y que voy por el camino correcto.

Abro la maciza puerta de madera de la pensión y, antes de entrar en la casa, echo un último vistazo a la poderosa luna, que me guiña un ojo desde allá arriba. Sonrío y susurro: «gracias». No sé a quién se lo digo. ¿A mi destino? ¿A

Dios, si es que existe? ¿A las personas que me han ayudado? ¿A mí mismo?

El viejo parqué, cubierto por desgastadas alfombras, cruje a cada paso que doy, a pesar de que voy de puntillas para no molestar a los huéspedes que están durmiendo. Entro en mi acogedora habitación y me siento feliz al ver mi amplia cama.

Hoy voy a dormir bien.

Capítulo 8: Revelación

Luz. A pesar de tener los párpados cerrados, penetra la claridad en mis ojos. Los rayos de sol se cuelan en la habitación por la ventana y llegan hasta mi cama. Como si fueran un largo brazo del sol, me rozan, para despabilarme sutilmente. Percibo su agradable calidez, y poco a poco me despierto.

«Vaya sueño raro he tenido esta noche. ¡Y tan real! Tengo la sensación de haberlo vivido todo de veras», pienso mientras bostezo y me desperezo cómodamente en la cama.

Qué gracia, mi subconsciente ha sido realmente creativo: tengo una manzana y una camiseta y soy feliz; profundas conversaciones; el Club de la Gente Feliz... Y todo ello con personas que de algún modo parecían representarme a mí mismo y a mi propia vida. Juraría que Margit, Walter, Christian y yo hemos quedado para desayunar juntos. ¡Quedo para desayunar con los personajes de mis sueños! Mejor no le cuento esto a nadie, si no quiero que me tomen por un chiflado. En fin, me voy a la ducha.

Me gusta sentir el agua caliente cayendo por mi cuerpo. El gel de baño huele a vainilla y miel. Estoy disfrutando del momento, sin prisas, cuando, de pronto suena el móvil. Salgo de la cabina de ducha de un salto y, chorreando, voy a la pequeña cómoda sobre la cual está mi teléfono.

–¿Diga?

–Buenos días, Oliver. ¿Se te han pegado las sábanas?

–¿Quién es?

–Pero Oliver, ¿es que todavía estás durmiendo? Soy yo, Margit. Habíamos quedado hace una hora en el hospital. Ya hemos visto a Sara, y estamos desayunando con Christian en la cafetería que dijimos. ¿Vas a venir?

Estoy estupefacto. ¡Entonces, no lo he soñado!

–Oliver, ¿estás ahí todavía?

–Sí, sí. Se me han pegado las sábanas. Enseguida voy.

¿Por qué todo se me antoja un sueño si ha ocurrido realmente? Los personajes de los sueños no te llaman al móvil...

Todavía algo escéptico, echo un vistazo a la lista de llamadas en mi teléfono. En "llamadas recibidas" figura el nombre de Margit, un número de móvil y la hora de la llamada. De repente, incluso recuerdo que ayer intercambiamos los números de teléfono. ¡Es cierto, queríamos hacer una breve visita a Sara en la clínica, y después ir a desayunar con Christian!

Me visto velozmente, y me dirijo a la cafetería en la que hemos quedado, que está justo a la vuelta de la esquina.

Siempre que Elena y yo hacíamos una escapada de un par de días a Oberstdorf, solíamos desayunar en esta cafetería integrada en una fantástica panadería con horno de leña. Ya durante el trayecto de ida nos invadía la alegría anticipada al imaginarnos el aroma a pan recién salido del horno, los crujientes panecillos rellenos de delicioso fiambre, el café con leche cubierto de un montón de espuma de leche batida... Las vacaciones no podían empezar mejor. En estos momentos felices, para nosotros no existía un lugar más bello en el mundo.

Al entrar en la panadería, echo de menos la alegría casi infantil de Elena, su maravillosa sonrisa y esos enormes ojos al ver tantas delicias. Añoro mi compañera, la única persona que ha compartido conmigo la capacidad de alegrarse de las pequeñas cosas de la vida.

Walter es el primero en verme y me hace señas desde la rústica mesa de madera junto a la ventana en que están sentados él, Margit y Christian, con tres grandes tazas de café con leche. Ya han terminado de desayunar, pero se han pedido otro café mientras me esperan.

–Buenos días a todos. Siento el retraso. Hoy he dormido tan profundamente... ¿Cómo se encuentra Sara?

Christian me explica que todavía está muy débil y duerme mucho. Los médicos solo permiten visitas muy breves, para no cansarla demasiado.

Él tiene mejor aspecto que la noche anterior. No obstante, las moraduras y arañazos en la cara y las manos recuerdan el accidente. Su apagada mirada también. Es conmovedor ver cómo lucha por recuperar su papel de *sunny boy* lo más rápido posible, simulando una serenidad e invulnerabilidad que, a pesar de estar bastante bien interpretada, no resulta del todo convincente. Sé que hoy intentará evitar hablar sobre sus sentimientos. Los tipos como Christian no suelen revelar sus problemas y debilidades. Pero, también sé por experiencia que hoy le ayudaría hacerlo. De modo que, tras pedir a la camarera mi desayuno, rompo el hielo.

–Christian, no tienes que hacerte el fuerte delante de nosotros. Podemos imaginarnos que no estás pasando por tu mejor momento. Relájate de una vez, y admite que algo ha fallado. Anoche, estando conmocionado, reconociste que te sentías culpable, y ahora te comportas como si no hubiera pasado nada. O como si todo esto nada tuviera que ver contigo. Chico, ¿qué más tiene que ocurrirte para que despiertes? No pretendo soltarte un sermón, pero voy a decirte un par de cosas, pues, cuando tenía tu edad, me habría servido que alguien me hablara con claridad. Mi mujer lo intentó una y otra vez, si bien, tuve que sufrir un revés de la fortuna para poder comprender sus palabras. Lo que te ha sucedido puede ser tu oportunidad para abrir los ojos... ¿La vas a aprovechar?

Walter, Margit y yo esperamos con tensión la reacción de Christian.

Él guarda silencio. Tiene la mirada perdida en el vacío. Percibo que necesita tiempo para pensar, y que ha llegado el momento de continuar relatando mi historia. Quizás pueda analizar mejor su propio comportamiento a través de mis vivencias. En realidad podríamos aprender tanto de los errores de los demás, si dejáramos de comportarnos como si ciertas cosas nunca pudiesen ocurrirnos a nosotros. Una simple mirada a nuestro alrededor sería más que suficiente.

Con ese pensamiento vuelve el recuerdo de aquella fiesta del 50 cumpleaños de un amigo, que tanto contribuyó a cambiar mi vida.

Fui solo. Elena había desaparecido. Todavía me encontraba bajo los efectos del shock. Todo estaba demasiado reciente. Y por primera vez observé a mis amigos y conocidos con otros ojos. Allí estaban todos, 30 años después. Vi personas que enferman por culpa del estrés; que están totalmente insatisfechas, pero no cambian nada; que constantemente aplazan sus planes y dejan todo lo bueno para el futuro, como si fueran inmortales; o que ya no tienen metas y se consuelan pensando que «ya han cumplido», que «han llegado».

En todos ellos reconocí un poco de mí. Al mirar mi imagen distorsionada en la gran copa de vino tinto, me cuestioné quién soy realmente, y quién me gustaría ser. O, mejor dicho, quién ya no quisiera ser.

Si Christian se reconoce en algunos detalles de mi historia, tendría la oportunidad de ver cómo es, y en qué podría convertirse. Lo que haga o deje de hacer después, está en su mano.

Walter me rescata de mis elucubraciones, y libera a Christian de su ensimismamiento:

–Oliver tiene razón, Christian. No te vendría mal reflexionar un poco. Hasta ayer yo estaba tan convencido de mi actitud ante la vida, que ni se me pasaba por la cabeza modificar algo. Ni siquiera comprendí porqué mi mujer me abandonó hace unos meses. Me siento cansado, perdido, solo y vacío. Y tengo una mala noticia para ti: me recuerdas mucho a mí mismo cuando era joven. Casi no te conozco, pero te reconozco bien.

Christian parece cada vez más sumido en sus cavilaciones y confundido. Se siente desenmascarado por mí y por Walter, y no sabe muy bien cómo reaccionar. No es normal en absoluto que personas desconocidas se metan en tu vida e incluso se crean con derecho de darte consejos. Pero es que aquí no está pasando nada normal. Desde hace dos días no paran de suceder cosas raras: el encuentro con estas personas tan peculiares en la cima, el Club de la Gente Feliz, después el accidente... Se nota que el chico daría cualquier cosa por abrir los ojos y descubrir que todo esto no es más que una absurda pesadilla. No se siente bien y, con una suplicante mirada, implora ayuda a Margit. Ella rompe su silencio.

–Ay Christian, me temo que mi experiencia les da a estos dos la razón. No permitas que esto vaya demasiado lejos. Tú y Sara sois tan jóvenes... Si pudiera, hoy haría tantas cosas de otro modo. Últimamente no paro de preguntarme si estoy satisfecha con mi vida, y si he vivido bastante para irme de este mundo sabiendo que he disfrutado de una vida plena. En mi caso, la respuesta a ambas preguntas es definitivamente no. Pero, en el peor de los casos, este discernimiento llega demasiado tarde. Únicamente si supero el cáncer, dispondré de otra oportunidad para modelar mi vida de modo que por fin me sienta satisfecha.

–¡Pero yo estoy satisfecho! Lo del accidente simplemente ha sido mala suerte. ¡Por lo demás, tengo mi vida totalmente bajo control! Solo tengo 30 años, he terminado la carrera, he hecho un doctorado y ya me han ascendido a Jefe de Departamento. Mis padres están muy orgullosos de mí. Mi padre dice que pronto podré empezar en su empresa y prepararme para ser su sucesor. Esa es mi meta. Walter, ¿sobre qué tengo que reflexionar? Nadie es perfecto, pero no creo que tenga que cambiar tantas cosas. Quizás simplemente tengáis una falsa impresión de mí.

Aplaudo.

–¡Bravo! Exactamente esas habrían sido mis palabras hace 20 años.

Tras permitirme ese breve comentario cínico, recupero un tono algo más serio.

–Christian, ¿te has preguntado por qué Sara no te comunicó que estaba embarazada? Ni siquiera ayer te lo confesó, cuando prácticamente la estabas obligando a hacer aquel camino tan duro.

–¡Estoy tan decepcionado de que me haya ocultado algo tan importante! ¡No tiene derecho! A fin de cuentas, era nuestro hijo, no solo suyo. A no ser que se haya acostado con otro.

Justo en el mismo instante en que Christian pronuncia esa frase, pone cara de haberse sorprendido a sí mismo. Agita la cabeza y, con un matiz casi arrogante, añade:

–¡Bah! ¡¿Cómo me va a engañar Sara a mí? No me lo puedo ni imaginar.

–Dime Christian, ¿cuánto tiempo lleváis juntos?– desea saber Margit.

–Demasiado. Nos conocemos desde la infancia. Nuestros padres son viejos amigos y prácticamente hemos crecido juntos.

–¿Puede ser que no hablas con mucho entusiasmo de vuestra relación, o solo me lo parece a mí?– apunto yo.

–Sabes, Oliver, a veces tengo la sensación de que me estoy perdiendo algo en la vida. Quiero a Sara, a mi manera... Pero, entre nosotros no hay pasión. Y lo echo mucho en falta. Me siento muy atraído por otras mujeres. No puedo evitarlo. A menudo me pregunto porqué seguimos juntos. ¿Por costumbre o por comodidad? ¿Porque nuestras familias se llevan tan bien? ¡Menudo disgusto les daríamos a nuestros padres si nos separamos! Y, tengo que reconocer que me siento a gusto con mis futuros suegros, ya que me tratan como a un hijo. El padre de Sara es un hombre interesante. Es funcionario en la Administración Municipal, así que tiene bastante tiempo libre para sus numerosos *hobbys*. Tiene un estudio en el garaje, donde pinta cuadros y hace esculturas. Sabe mucho sobre arte y cultura en general, y con frecuencia nos sorprende con entradas para los eventos más extravagantes que os podáis imaginar. Cultiva todo tipo de hierbas aromáticas en su pequeño jardín. Además es un gran cocinero. Y hace un par de años realizó el sueño de su vida: se compró una Harley Davidson, con la que solemos ir juntos a encuentros de motoristas. Nunca me aburro con él. A veces pienso que congenio más con él que con su hija.

–Pero no tienes que convivir con él, sino con ella– intercalo brevemente.

–Ya lo sé. No es fácil, estoy tan indeciso... La verdad es que he pensado más de una vez en separarme de Sara. Pero no me atrevo. Y mucho menos ahora que está en el hospital.

Walter le da la razón:

–Christian, eso te honra. No se deja a las personas en la estacada cuando más te necesitan. No obstante, hablando claro, si vuestra relación ya es tan poco apasionada, imagínate cómo será cuando tengáis mi edad. No le veo mucho futuro a la cosa. Quizás Sara no te dijo lo del embarazo porque, al igual que tú, no está muy segura de vuestro futuro en común...

Margit expone otra opinión sobre el tema:

–Christian, ayer en el hospital insinuaste que quizás no te lo había contado porque temía que un embarazo indeseado destrozara tu planificada vida. Tal como nos has confesado, toda tu vida está concebida según un plan estupendo: hacer una carrera, adquirir experiencia profesional, hacerte cargo de la empresa de tu padre... Sara sabe que casarte y tener hijos todavía no entra en tus planes. Y es posible que tenga miedo de que la abandones si te cuenta la verdad. ¿Sabes, Christian? Ayer me fijé en tu forma de tratar a Sara. Cuando uno es demasiado severo y agresivo, los demás acaban temiéndole y no se atreven a ser sinceros. Con su silencio se protegen de las reacciones desagradables del otro. Dime, ¿habéis hablado alguna vez sobre el tema de formar una familia y tener hijos?

–Claro que sí. No queremos casarnos hasta que yo me haya establecido en la empresa familiar. Y más adelante queremos tener hijos, pero dentro de algunos años.

–Entonces, ese hijo habría cambiado radicalmente vuestros planes. Seguro que Sara no sabía cómo comunicártelo. ¿Cómo te sientes al enterarte de que hasta tus seres más queridos tienen miedo de hablar contigo abiertamente? ¿Crees que eso es bueno? Cuando algún día dirijas tu empresa, ¿te gustaría que tus empleados te informen sobre sus problemas con franqueza o prefieres que disimulen y solo te digan lo que saben que quieres escuchar? ¿Deseas ser un hombre que inspire respeto o miedo?

Margit hace una breve pausa, y como Christian ha enmudecido, prosigue:

–Me parece estupendo que tengas metas claras y luches por alcanzarlas con tanto ímpetu. Si bien, en el camino hacia la meta no deberías descuidar tu entorno y perder la orientación. Como cuando haces senderismo, por ejemplo. Echar un vistazo de vez en cuando al mapa es importante para saber si sigues por el camino adecuado, y si existen mejores alternativas, senderos más cortos o más cómodos. Y entonces debes decidir de qué modo quieres alcanzar la meta. Cuando te encuentras en la cima y unos negros nubarrones amenazan tormenta, seguro que te decides por el camino de vuelta más rápido posible. Si ya no te quedan fuerzas, escoges el camino más cómodo. Y si caminas con otras personas, eliges el que sea más adecuado para todos. El hecho de que en un momento dado te hayas propuesto un plan concreto, no quiere decir que tengas que llevarlo a cabo por encima de todo. Y mucho menos si las circunstancias han cambiado. Pero claro, para reconocer que las condiciones han variado, hay que ir por la vida con los ojos abiertos. Si no me tomo en serio las nubes de tormenta, las consecuencias pueden ser graves. Y si con mi comportamiento intimido o domino a los seres que me rodean, también. Nosotros tres no supimos ver los nubarrones a tiempo, y ahora quizás para alguno ya sea tarde. Tú los estás viendo, así que, no hagas como que no los ves y, si crees que deberías tomar otro camino, hazlo.

–Todos podemos elegir otro camino en cualquier momento; no importa la edad, sino la voluntad –añadió con una irónica sonrisa, enfantizando la palabra todos, mientras guiño un ojo a Walter y Margit. –Yo no lo conseguí hasta alcanzados los 50. Y vosotros dos estáis ahora en ello, ¿verdad?

–¡Por supuesto!– confirma Walter. –Aunque he de admitir que si tengo claro que realmente quiero hacerlo, es gracias a nuestra charla de ayer en la cima. Por eso, querido Oliver, me gustaría pedirte que continúes relatando tu historia. Así dejamos un rato en paz al pobre Christian, ¿de acuerdo? Entonces, ¿dónde nos quedamos ayer?

Margit nos da una pista:

–Nos contaste lo de tus ambiciosos planes. Christian, ¿sabías que Oliver con 30 años ya era asesor de empresas y estaba endeudado hasta las cejas? Y además encontró a la mujer de su vida en España y se casaron. Todo iba según su plan, hasta que sucedió algo que todavía no nos ha revelado.

–Convencí a Elena de que viviéramos en Alemania, con la promesa de que, a lo más tardar en cinco años, nos mudaríamos a España. En general, a los españoles no les gusta mucho irse de su país. Ella lo hizo por amor hacia mí. Por amor hacia ella, yo me propuse ganar dinero con la mayor celeridad posible, para poder cumplir mi promesa. Mi sueño era vivir con ella en una bonita casa junto al mar, y allí empezar con algo nuevo, distinto a lo que había hecho hasta entonces. Pero no quería estar allí tan solo de vez en cuando, como si fuera una casa de vacaciones, sino que mi deseo era poder ver salir el sol todas las mañanas junto a ella. Para conseguirlo precisaba dos cosas: tiempo e independencia económica. Eso supuso para mí apretar el

110

acelerador más todavía. Como empleado de una gran asesoría no era posible ganar tanto dinero como yo quería en tan poco tiempo. De modo que fundé mi propia consultoría de empresas. La inversión que supuso toda la infraestructura necesaria (nuevas oficinas, empleados, etc.) fue considerable. Era la hora de la verdad. Captar clientes, no rechazar ningún proyecto, trabajar cada día hasta las 22 h. por lo menos. Mi española estaba más sola que nunca, en la gélida Alemania.

Me detengo un momento y, tras tomar un sorbo de café y recapacitar unos segundos, sigo con mi relato:

–Al principio, el amor nos ayudó a verlo todo de color rosa. Cada noche que estaba en casa y no de viaje de negocios, ella me esperaba con un vestido sexy, una sonrisa embriagadora y una cena deliciosa, que a menudo tenía que recalentar tres veces, pues me solía resultar imposible llegar a la hora prevista. Cuando me veía entrar en el piso, olvidaba rápidamente la larga espera, me abrazaba y me comía a besos. Para mí el mundo estaba en orden. El interminable día de trabajo había merecido la pena. Ella lo valía. Tras la cena nos devorábamos el uno al otro. Después, exhausto pero feliz, caía en un profundo sueño. ¿Era ella tan feliz como yo? Presuponía que sí. ¿Por qué no iba a serlo? Al fin y al cabo, me decía con frecuencia lo mucho que me admiraba y que le impresionaba mi tenacidad, mi fuerza de voluntad y mi modo de hacer las cosas. «Me encanta estar con alguien que se atreve a tomar decisiones, que sabe lo que quiere, y lucha por ello. Alguien que realmente opina que sí, cuando dice sí, y que no, cuando dice no. Un hombre directo, claro y honesto, que cumple lo que promete», solía elogiarme. Sin embargo, ya en esa fase inicial de nuestra relación, comenzó a decirme de vez en cuando que no hay que vivir para trabajar, sino trabajar para vivir. Yo sonreía con sorna y pensaba «típico español».

Mi último comentario despierta una socarrona sonrisita en mis oyentes. Como veo que no tienen la menor intención de interrumpirme, prosigo:

–Elena aprendió alemán en poco tiempo, y emprendió su carrera profesional como especialista en marketing. Estaba motivada, y le encantaba su trabajo. Pero siempre permaneció fiel a sus principios: trabajó para vivir, y no al contrario. Su prioridad era nuestra relación, así que, procuraba no descuidar los pequeños detalles, como esos momentos tras un agotador día de trabajo, entorno a una mesa repleta de delicias, con una copa de vino y buena conversación. «¿Quieres saber lo último?», me preguntaba nada más sentarnos a la mesa. Impaciente como una niña, quería contarme los acontecimientos del día. ¡Cuántas veces simulaba escucharla, mientras en realidad estaba pensando en mis problemas profesionales! Ella siempre se daba cuenta, pero solo sonreía. Hoy sé que necesitaba alguien que la escuchara mucho más de lo que yo podía imaginar. Si alguna vez intentaba explicarme sus problemas de adaptación, por desgracia yo solía reaccionar con irritación más que con comprensión. Que si una panadera xenófoba la había denigrado al no pronunciar correctamente la palabra *Brötchen*[1], que si una compañera de trabajo frustrada, incapaz de aceptar que una joven extranjera hiciera carrera en su país, la había tratado con desprecio... De ser una chica apreciada y valorada en España, de pronto y sin haber hecho nada para merecerse tal infame trato, fue rebajada a la categoría de "ciudadano de segunda clase" por personas que ni siquiera la conocían y que, sin embargo, se sentían con derecho a maltratarla. Por el mero hecho de ser extranjera.

Margit agita la cabeza, mostrando cierto escepticismo y extrañeza de que algo así ocurra en su país hoy en día. Walter se remueve en su silla. Christian frunce el ceño y se muerde las uñas. Yo continúo hablando:

–Para mí, estos "problemillas", comparados con mis preocupaciones laborales, eran nimiedades. Como nunca había pasado por algo así, no me podía imaginar que ello pudiera atormentar a alguien de ese modo. «¡Por Dios, no te lo tomes todo tan a pecho! ¿Por qué te molesta lo que ha dicho esa tía? ¿No ves que bastante tiene la pobre con ser como es? No son más que un par de ignorantes. ¡Gente así hay por todo el mundo!», decía a Elena, intentando apaciguarla, cada vez que se atrevía a contarme sus humillantes experiencias. Me sacaba de quicio que me hiciera partícipe de esas vivencias. ¡No quería saberlo! Me negaba a admitir que algunos de mis compatriotas pudieran ser tan infames con mi dulce chica. Hoy día me avergüenzo especialmente de los momentos en que, completamente

---

[1] Panecillo en alemán.

enervado, le decía a Elena que si no podía arreglárselas, se volviera a España. ¡Qué gilipollez!

Esforzándome por levantar la vista del suelo, me justifico de algún modo:

–Supongo que así reacciona un hombre que está demasiado ocupado consigo mismo y sus grandes planes. Mi visión estaba únicamente orientada hacia el horizonte. Mi ambición daba tan buenos resultados, que firmé contratos para asesorar grandes multinacionales, las cuales me mantenían ocupado día y noche. Tenía que viajar por todo el mundo. Y, al cabo de poco tiempo, tan solo teníamos una relación de fin de semana.

–¡Pero corriste un gran riesgo! ¿Y si ella se hubiera ido?– comenta Margit.

–Naturalmente, yo sabía que ella no se iba a marchar. Estaba muy seguro de lo nuestro. A pesar de todas las dificultades, ambos estábamos absolutamente convencidos de que nuestra relación era algo excepcional. Nos sentíamos muy afortunados de haber podido encontrar nuestra media naranja. No solo por lo mucho que teníamos en común, sino sobre todo porque nos complementábamos perfectamente. Cada uno de nosotros admiraba al otro. Su carácter abierto, natural y espontáneo me fascinaba. Su gran corazón y su altruismo eran para mí como una brisa de aire fresco. Disfrutaba observando como, allá donde fuéramos, cautivaba a la gente. Reír a carcajadas, incluso de sí misma, era para ella tan natural como para otros el refunfuñar. Y además poseía el don de contagiarme con su risa. Incluso en situaciones complicadas, o ante profundas divergencias, tenía la maravillosa capacidad de ponerse en el lugar del otro y mostrarse comprensiva. Nunca antes había conocido una persona que se comportara de un modo tan generoso y paciente con los demás. Sobre todo conmigo. No os podéis imaginar cómo enriqueció mi vida...

–Menuda declaración de amor acabas de hacer, Oliver. Si ella pudiera escucharte, estaría emocionada– me interrumpe Margit. –Lo que me sorprende un poco es que se quedara a tu lado, a pesar de que cada vez tenías menos tiempo para ella.

–Algo bueno tendré– bromeo. –Elena solía decirme que, en el escaso tiempo que podía dedicarle, la hacía inmensamente feliz, y que si había un hombre en el mundo por el que merecía la pena esperar, sin duda ese hombre era yo... Lo que más claro teníamos en la vida era que siempre queríamos estar juntos. Yo confiaba en ello...

–¡Puaj, que cursi! –exclama Christian con cara de asco. – ¡No se puede ser más empalagoso!

–¡Oh sí, incluso mucho más! Cásate con una mujer latina y verás... –bromeo.

–Si los españoles son así, seguro que Elena se quedó de piedra cuando le soltaste que se largara si algo no le gustaba –afirma Walter.

–La verdad es que no le hizo mucha gracia. Pero era consciente de que con mis duras palabras lo único que pretendía era que no se quejara más y no se lo tomara todo tan en serio. Aunque lo que conseguí fue que se sintiera abandonada por mí. Quería que ella, como yo, mirase hacia el futuro, nuestro futuro, ignorando los pequeños obstáculos en el camino. Deseaba que ella también viviera por y para nuestro gran plan: una vida sin preocupaciones en una preciosa casita en la costa. Para ello, al principio es necesario prescindir de muchas cosas y ser duro con uno mismo. Al menos durante un tiempo determinado. Tampoco es tan grave. Después llega la recompensa.

Tomo aliento y continúo:

–A Elena todo eso le parecía de maravilla, la casita con vistas a su querido Mediterráneo y todo lo demás. Pero no a cualquier precio. No, si hay que renunciar a una feliz vida en común durante muchos años para, en algún momento del futuro, quizás por fin realizar un sueño. No, si casi ni podemos disfrutar de nuestro amor. No, si con el paso del tiempo cada vez nos distanciamos más. No, si el uno no está para el otro cuando le necesita. Ella quería ser feliz aquí y ahora, y no aplazarlo a un futuro incierto. Y llegó el día en que no quiso esperar más. «¿Por qué solo vives pensando en el futuro? ¿Qué pasa con nuestro presente? Se nos están escapando los mejores años de nuestras vidas...», se lamentaba cada vez con más frecuencia. «¿Y si uno de nosotros mañana tiene un accidente o cae gravemente enfermo? ¿Entonces qué? ¡Yo no necesito lujo para poder ser feliz contigo! Estaría igual de bien contigo en un piso pequeño y acogedor. Y sé que tú también eres así. Siempre he admirado que, a pesar del éxito, nunca te has vuelto soberbio. Un lujoso estándar de vida no significa mucho para ti, ¿no? Entonces, ¿por qué exageras tanto con el trabajo? Siempre dices que lo haces por nosotros. ¡Por mí te aseguro que no! ¿Quieres saber lo que podrías hacer por mí? Trabajar menos y pasar más tiempo conmigo. Tenemos la suerte de haber encontrado la pareja de nuestros sueños. ¿Quieres ponerlo en juego?» No puedo decir que no fui prevenido. Sin embargo, hice oídos sordos a sus advertencias.

Walter da directamente en la diana con un simple ejemplo:

—Es como con los niños pequeños. Cruzan la calle corriendo tras una pelota, con la mirada fija en ella, y no ven los coches a punto de atropellarles.

Christian aprovecha la metáfora para ahondar en el tema:

—Y, ¿lograste coger el balón al otro lado de la calle, o te arrolló el coche?

—Ambas cosas.

Capítulo 9: Metas

Un grupo de senderistas entra riendo y charlando animadamente en la cafetería. Se les nota la ilusión de pasar un día estupendo en la montaña. Tras las parrafadas que nos hemos pegado sobre las cosas serías de la vida, su buen humor nos resulta refrescante y contagioso. Entonces me doy cuenta de que llevamos aquí sentados una eternidad, con las tazas de café ya vacías. Fuera brilla el sol. Al fondo, las montañas nos reclaman.

–Ya sé que mi vida es terriblemente interesante y que os encantaría pasaros aquí todo el santo día escuchando mis historias –digo con una considerable porción de sarcasmo. –Pero ya empiezo a sentirme como un predicador. Y ahí fuera hace un tiempo fantástico. ¡Vámonos a hacer senderismo!

Margit protesta:

–¡Pero queremos saber como acaba!

–Os lo puedo contar mientras caminamos. Nadie nos obliga a subir el monte corriendo.

–Ok, vamos a andar cómodamente –consiente Walter. – Conozco un sendero muy chulo desde Oberstdorf, pasando por el lago *Freibergsee* y la cabaña *Hochleiten Hütte* hasta el refugio *Söllerhaus*. Por cierto, en el restaurante de ese refugio hacen la mejor tarta de queso que he comido en mi vida. Tenéis que probarla. Christian, supongo que tú te quedas con Sara en el hospital, ¿no?

–Claro que me quedo con Sara. Si queréis, podríamos volver a vernos esta tarde.

–¿Qué te parece si vamos sobre las cinco al hospital, vemos a Sara, y luego nos vamos juntos a tomar algo? –propongo.

Todos muestran su conformidad y, sin más demora, partimos.

Una hora más tarde, equipados con botas de senderismo, mochilas y provisiones, Walter, Margit y yo nos encontramos frente al Ayuntamiento. El reloj del campanario acaba de dar las 11 h. Hoy es día de mercado y las calles están llenas de vida. Los lugareños comprando verdura, carne, fiambre y queso directamente de los agricultores y los ganaderos, se mezclan con los numerosos turistas que curiosean y buscan especialidades regionales. Al pasar, me siento atraído por los coloridos puestos del mercado con sus enormes quesos, sus licores caseros y el irresistible aroma a salchichas ahumadas y pan recién sacado del horno.

Y de nuevo la recuerdo. Elena arramblaría todos los puestos del mercado, mientras yo intentaría frenarla («¿para cuándo compras eso? Tenemos bastante comida en casa y, de todos modos, a partir de mañana estoy de viaje»), a pesar de que sabía lo agradable que sería poder disfrutar de todas esas delicias al regresar a casa. Por suerte para mí, ella sabía imponer su voluntad a mi pragmático carácter, y nunca volvíamos de las vacaciones sin un par de exquiseteces.

Hoy día se lo compraría todo. Si estuviera aquí...

Cuanto más nos alejamos del centro del pueblo, más tranquilas son las calles y los caminos. Prácticamente cada casa aquí es un pequeño paraíso, con encantadores jardines, diminutos estanques, exhuberantes geranios en los balcones, y personas con miradas satisfechas, sentadas en un banco junto a la puerta de su casa y disfrutando del sol de la mañana.

–¿No es una maravilla este lugar? –pregunto a mis acompañantes sin esperar respuesta. –No lo vais a creer, pero antes, cuando veía esa expresión de satisfacción en los rostros de la gente, interiormente les envidiaba. Sí, sí, yo, el *triunfador hombre de negocios*. Me imaginaba sus sencillas vidas como un idílico sueño: por la mañana, preparar el desayuno para los huéspedes, luego organizar la limpieza de las habitaciones, después quizás ir a comprar alimentos, de vez en cuando un descansito, más tarde puede que un poco de saludable trabajo en el jardín y las tareas necesarias de administración. Por la tarde, o por la noche, cuando los clientes regresan de sus caminatas o en invierno de esquiar, uno conversa agradablemente con ellos, tomando una copa de vino. Y si a uno le apetece, participa activamente en los eventos y actividades culturales o de ocio con la gente del pueblo. Aquí se conocen todos. Son una verdadera comunidad.

–No como en las grandes ciudades, donde nadie se preocupa por los demás. En las metrópolis casi te toman por loco si se te ocurre saludar a los desconocidos por la calle. Tan pronto como llegamos de la urbe a los pueblos, nos ponemos a saludar cordialmente a diestro y siniestro. Pero, en cuanto estamos de vuelta en las capitales, cambiamos velozmente el chip, no vaya a ser que se nos ocurra decir buenos días a un vecino que llevamos 20 años viendo por el barrio y nos tome por locos. La cordialidad y la amabilidad parecen ser apropiadas solo con amigos y conocidos.

–O con clientes, para que aumenten las ventas –interrumpe Walter a Margit.

–Aunque a veces ni eso –manifiesta Margit. –Cuando veo la antipática cara que ponen algunos vendedores, se me van las ganas de comprar. No es de extrañar que cada vez más gente de las grandes ciudades pasen sus vacaciones en pueblos pequeños. Aquí uno se siente un ser humano...

Al principio, un camino llano nos conduce entre coloridos prados de montaña repletos de flores silvestres, hasta que llegamos a un viejo puente de madera, por el que cruzamos el río *Stillach*. Bajo nuestros pies discurre el agua cristalina y gélida, a juzgar por su color casi plateado, del salvaje torrente. Aquí es donde el campo da paso al bosque. El aroma a tierra, abetos y follaje mojado nos envuelve. Respiramos hondo y tomamos el ligero ascenso hacia el lago *Freibergsee* con energías renovadas. Y de pronto aparece. En un claro, en medio del frondoso bosque. Un lago de los que parecen sacados de un cuento de hadas. A uno le dan ganas inmediatamente de bañarse en sus aguas de color turquesa. Ya hay bastante gente en la pequeña piscina natural, concebida para el disfrute de los bañistas, en uno de los lados del lago. Al igual que el resto de los turistas, no podemos evitar hacer fotos de este fantástico panorama. Armados con nuestras cámaras, disparamos a discreción e inmortalizamos el momento.

Después, continuamos con nuestra caminata. Tomamos un sendero con cierta pendiente y cientos de escalones naturales formados por las gruesas raíces de árboles milenarios. Un cartel nos indica que en aproximadamente una hora llegaremos a la primera cabaña. No hablamos mucho, ya que estamos demasiado ocupados jadeando. Poco a poco se transforma el suelo: las fuertes raíces de los gigantes árboles que moldeaban los peldaños del camino, así como la oscura tierra del bosque, son reemplazados paso a paso por un terreno seco y con pequeños guijarros. Una agradable y cálida brisa veraniega sopla en nuestra dirección, sustituyendo al húmedo clima reinante en el interior del monte. La arboleda empieza a ralear y a permitir que entren los rayos del sol. Pronto alcanzaremos la cabaña.

El sendero se ha vuelto más plano. Atravesando una espe-
cie de rudimentarias barras giratorias o "torniquete"–de
los que suelen haber en los pastos alpestres para evitar
que se escapen las vacas que pacen libremente–, entra-
mos en la zona del pasto alpino. Un cartel nos advierte de
que a partir de aquí el camino está vallado por un cercado
eléctrico y por los dos torniquetes, el que acabamos de
pasar, y otro al final de la zona de pasto.

Una de las vacas parece no haber leído el cartel, ya que se
encuentra en medio del camino, poco antes de llegar al
segundo torniquete. No podemos explicarnos cómo ha
conseguido llegar hasta aquí. La vaca es enorme. Vista
desde cerca, con esos cuernos que tiene y su mirada de
pocos amigos, incluso intimida bastante. Su imponente
cuerpo no deja ni un milímetro de espacio para pasar. Está ahí plantada como una estatua. Seguramente ya ha experimentado las "cosquillitas" que hace la valla eléctrica
si la roza. Su inteligencia vacuna basta para decidir que no
quiere volver a tocar ese raro alambre. Sin lugar a dudas
le encantaría regresar al jugoso prado para continuar
cumpliendo con el sentido de su vida: rumiar sabrosa
hierba todo el día y producir deliciosa leche. Pero, lamentablemente, el torniquete a sus espaldas, nosotros tres
frente a ella, y el cercado eléctrico a ambos lados, no lo
permiten. De modo que se queda ahí quieta, totalmente
impasible. Tiene todo el tiempo del mundo.

En un primer momento, nos quedamos los tres inmóviles,
no menos desvalidos que la vaca.

–¡¿Cómo habrá llegado aquí esta vaca?! Nunca lograremos pasar al otro lado con ese monstruo en el camino. ¡Y tengo tantas ganas de beberme un vaso de leche fresca!

–¡Y yo una cerveza de trigo bien fría!

–Pues vamos a empujar la vaca a un lado.

–¿Y si nos ataca? Tampoco son tan inofensivas. El año pasado leí en el periódico que una vaca hirió a un senderista al acercársele demasiado.

–¡Genial! ¿Y qué hacemos entonces? Regresar no quiero. Además, no puede ser que tengamos que cambiar nuestros planes por culpa de una estúpida vaca.

–Bueno, ¿quién se atreve a tirarle del rabo?

–¡Por Dios, del rabo no, que nos puede dar una coz!

–¿Entonces qué? ¿Acaso queréis agarrarla por los cuernos?

Los tres observamos con mucho respeto los puntiagudos cuernos y negamos enérgicamente con la cabeza.

–¡Venga ya! Esto es totalmente vergonzoso. ¿Tres adultos no son capaces de pasar por delante de una vaca? Esto mejor no se lo contamos a nadie.

La vaca parece impacientarse y nos pega un susto de muerte con un fuerte mugido.

–¿Para qué voy con dos fornidos hombres si ni siquiera sois capaces de apartar una vaca lechera? No os comportéis como dos niñatos. ¡Haced algo ya!

–Ah, ya, ahora te conviene ser mujer, ¿no? Pero normalmente queréis igualdad... En fin, Oliver, vamos a retirar esta bestia del camino para nuestra distinguida señora.

–Ten cuidado con la valla eléctrica, ni se te ocurra tocarla; dan unos calambrazos bastante molestos.

–¿La empujamos por detrás o por delante?

–Por detrás a la de tres. ¡Uno, dos tres, empuja!

La vaca no se mueve, si bien, con un nuevo potente mugido manifiesta que no le hace nada de gracia que le toquemos el trasero. Asustados, damos un salto hacia atrás.

Margit se troncha de risa y, tan pronto como logra sosegarse, se dirige con brío hacia la vaca. Agarra su bastón de senderismo, y con él da unos suaves golpecitos a las patas traseras de la vaca. La res se gira, dejando libre una parte del sendero.

–Caballeros, podemos irnos a la cabaña –dice Margit con una burlona sonrisita.

–¡Así cualquiera! Si hubiéramos tenido bastones de senderismo,..., ¿verdad, Oliver? –se justifica Walter.

–Bla, bla, bla. ¡¿Pero cómo se puede tener tanto miedo de una vaca?! –se mete Margit con nosotros.

–Mujer, miedo no tenemos, quizás un poco de respeto. ¡Pero tú has sido muy valiente!

–¿Sabéis una cosa? He pasado tanto miedo con mi enfermedad, que ya no me atemorizan las pequeñeces. Además, tengo una meta clara: y es esa soleada terraza frente al refugio.

–¿No es maravillosa esta mujer? –dice Walter con entusiasmo y le dedica una mirada que delata su gran admiración. No puede disimular el afecto que siente hacia ella. –Margit, lo que te propuse ayer, va totalmente en serio. Estoy convencido de que nosotros dos formaríamos un buen equipo. ¡Vamos a comenzar algo nuevo juntos!

–Ay Walter, te estás comportando como un adolescente. ¿Qué va a pensar Oliver de nosotros? Venga, vamos a buscar una buena mesa en la terraza, y luego hablamos.

Nos acomodamos en una mesa de madera junto a la rústica pared de la cabaña, nos quitamos las mochilas y las chaquetas, nos aflojamos las botas de senderismo, nos sentamos uno junto al otro en un largo banco, con las espaldas apoyadas en la pared, cerramos los ojos y estiramos los cuellos como tortugas tomando el sol.

No llevamos así ni un minuto, cuando Margit saca su crema solar de la mochila y empieza a untarse la cara y los brazos. Walter y yo hacemos lo mismo. Una guapa camarera con largas trenzas rubias y un traje típico bávaro toma nota de lo que queremos beber, y rápidamente nos trae las bebidas. Una cerveza de trigo para Walter, y leche fresca en tazones blancos de cerámica para Margit y para mí.

–¡Qué rico!

–¡Y qué agradable el solecito!

–¡Esto es vida!

–¿Gritamos hacia el valle que tenemos una cerveza, leche fresca, sol y buenos amigos y que somos felices? –digo en tono guasón.

–Te veo completamente capaz. Pero, por favor, déjalo. Ayer ya escandalizamos a bastante gente. –me suplica Margit.

–¿Es que no te divirtió? ¿O acaso te dio vergüenza?

–Sí, claro que me divertí. Pero es que en aquella mesa está el matrimonio que se aloja en mi hotel y que ayer os tomó por borrachos.

–¿Quiénes? ¿La misma pareja que ayer nos vio en la terraza del funicular a Walter y a mí, cuando él se puso a gritar que tenía una cerveza y era feliz, y luego nos reconoció al vernos contigo por la tarde frente al Ayuntamiento?

–Sí, esos mismos. Por favor, no les miréis ahora. Nos están clavando la mirada todo el rato –susurra ella.

Levanto mi vaso de leche, les dedico una amplia sonrisa y brindo a su salud, ante lo cual ellos no me devuelven ni la sonrisa ni el brindis, sino que, con un consternado rictus, miran hacia otro lado.

Walter y yo nos partimos de risa, mientras que Margit quiere que se la trague la tierra.

–Sois imposibles, chicos. Como niños pequeños –nos riñe Margit, pero sin poder ocultar una sonrisita.

–Entonces, ¿en qué quedamos? Antes me has llamado adolescente y ahora niño pequeño. ¡Cada vez soy más joven! Si esto sigue así, dentro de nada no tendré que usar más crema antiarrugas –se burla Walter. –Quizás es ése el motivo por el que no quieres hablar conmigo de un proyecto en común: porque soy demasiado inmaduro para ti.

–No Walter, no es por eso. Ya te dije ayer que me gusta la idea, pero todo a su tiempo. Todavía soy una mujer casada, ¿se te ha olvidado?

–¡Infelizmente casada!– matiza él.

–Sí, pero antes de comenzar algo nuevo, hay que terminar lo antiguo. Cuando llegue a casa, tengo que hablar largo y tendido con mi marido. Sin lugar a dudas, me dirá que no tiene tiempo. Pero esta vez tendrá que tomarse el tiempo, quiera o no quiera. Ya lo estoy viendo: entraré en casa, me dará un rápido beso en la mejilla, por educación me preguntará qué tal las vacaciones, y antes de que me dé tiempo a contestar, ya estará de camino a su despacho. Sin embargo, esta vez no me quedaré plantada en el cuarto de estar, con cara de tonta, decepcionada y furiosa, sino que iré tras él y le desvelaré mis sentimientos.

–¿Y le contarás nuestros planes?

–¿Cómo, es que ya tenéis planes? ¿Acaso hicísteis planes anoche en el taxi de vuelta al hotel? No se os puede dejar solos –me meto en la conversación descaradamente.

–Nada concreto. Únicamente le dije a Walter que me podría imaginar llevar a cabo algún proyecto con él. Si bien, ni siquiera sé cómo reaccionará mi marido cuando le hable de divorcio. Al fin y al cabo, llevamos 30 años juntos. Podría ser que incluso se sienta aliviado, y nos separemos amistosamente. Pero también existe la posiblilidad de que esto le coja desprevenido y se empeñe en salvar nuestra relación. O peor todavía, que le dé por ponerme obstáculos. ¿Qué pasaría si me deniega el divorcio para evitar que yo pueda comenzar una nueva vida? Él sabe perfectamente que mi modesto capital está metido en nuestra empresa. No tengo ni idea de cómo solucionaríamos el tema del dinero. Todo sería tan difícil. Ojalá vea las cosas como yo, y encontremos una solución justa para ambos. A propósito, Walter, ¿cómo has solucionado tú este problema con tu exmujer?

–El divorcio está en marcha. Nuestro caso es más sencillo. Éramos una familia chapada a la antigua: yo ganaba el dinero y ella se ocupaba de la educación de los hijos y de las tareas del hogar. No teníamos separación de bienes, de modo que le pagaré la compensación que fija la ley. No obstante, todavía me quedarán unos ahorrillos... En vuestro caso, todo podría ser muy fácil si os ponéis de acuerdo y él simplemente te paga la parte de la empresa que te corresponde. Tan solo tendríais problemas si él, por culpa del orgullo herido, pierde su sentido de la justicia.

–Entonces, decidme, si todo sale bien, ¿habéis pensado ya qué tipo de proyecto queréis empezar juntos?

–Pues la verdad es que hoy me has dado una buena idea – anuncia Walter.

Margit pregunta curiosa:

–¿Qué idea?

–Algún día me gustaría parecer tan satisfecho como la mujer que hemos visto esta mañana sentada en un banco delante de su pensión. Quisiera rodearme de gente alegre y que la armonía entre en mi vida. Quisiera respirar cada día aire fresco y puro, y sentir la naturaleza... –sueña Walter en voz alta. Seguidamente, en un tono más resuelto, puntualiza: –Me gustaría comprar o alquilar una bonita casa en Oberstdorf y convertirla en una pequeña pensión, en la cual yo contagiaré a mis huéspedes con mi nueva alegría de vivir, tal como tú, Oliver, hiciste ayer con nosotros allí arriba en la cima. Si bien, no quiero hacerlo solo. Margit, ¿no dijiste anoche que anhelas volver a sentirte necesitada, y tener nuevos cometidos en la vida? Yo podría cumplir ambos deseos. ¡Te necesito! Los últimos seis meses he estado tan deprimido y apático, que he perdido la confianza en mí mismo. Contigo a mi lado me sentiría más fuerte.

–Walter, me siento alagada. Aunque, me estás poniendo en un apuro. No sé exactamente, qué esperas de mí...

Ligeramente ruborizada, añade:

–La idea me gusta, pero necesito tiempo. En estos momentos solamente puedo ofrecerte mi amistad.

–Tu amistad tiene para mí mucho más valor de lo que crees. Y todo lo demás, ya llegará. Puedo ir mirando qué hay en el mercado inmobiliario en esta zona. Sin prisa, sin presión. Pero con una meta clara, como tú bien has dicho antes.

–¡Estoy entusiasmado! Ayer, Walter, me contabas que estabas hecho polvo, y hoy pareces otra persona. Y tú, Margit, coges tu vida por las riendas, y tomas una decisión dura pero importante. Y yo soy testigo de este milagro, ¡qué honor! ¡Brindemos por ello!

–¿Quieres brindar conmigo con leche? –se queja Walter, haciéndose el ofendido.

–Por supuesto que no. Os invito a un aguardiente, ¿ok?

–¡Vale! Eso nos dará energía para el resto del ascenso.

Pido los orujos en la barra. Poco después, sale la camarera a la terraza y pregunta en voz bastante alta:

–¿Para quién son los aguardientes?

Walter y yo levantamos la mano y exclamamos:

—¡Para nosotros!

Echo un vistazo hacia la mesa de los huéspedes del hotel de Margit, y les pillo mirándonos boquiabiertos. La mujer murmura algo a su marido al oído, tapándose la boca con la mano, mientras que nosotros disfrutamos de la magia de un nuevo comienzo.

Capítulo 10: Valor

Christian está sentado en un banco en el jardín de la clínica, con la mirada inerte, clavada en el suelo. Con la punta del zapato derecho dibuja en la arena dos círculos enlazados. Profundiza con el pie el surco de los solapados círculos una y otra vez. Observa su obra. De pronto, la destroza furiosamente con ambos pies. Levanta la cabeza y mira fijamente hacia un estanque que hay enmedio del jardín. Coge unas piedras del suelo y las arroja al agua, una tras otra, con fuerza.

–¿Estás cazando ranas? –bromeo.

Al percatarse de nuestra presencia, no consigue borrar del todo la expresión de rabia que tenía en su rostro. Pero se esfuerza.

–¡Ah, ya habéis llegado! ¿Qué tal la caminata?

–¡Muy bien! Pero hoy no quiero dar ni un paso más –responde Margit. –Acabamos de ver a Sara, y nos ha dicho que estás aquí abajo. Nos ha presentado a sus padres. Son gente muy maja.

–Quería tomar un poco el aire.

–¡Qué maravilla que Sara se esté recuperando tan rápido! Sin embargo, se la ve un poco deprimida. Ahora va a necesitar que la cuides mucho –agrega Margit.

–Las apariencias engañan –reacciona Christian con amargura en la voz.

–¿Qué quieres decir? –se asombra Walter.

–Será otro quien se encargue de cuidarla... Todavía no me lo creo... Sara conoció a otro hace unos meses, un tal Alex, y me ha dejado. Me ha dicho que el bebé no era mío. Quería confesármelo todo ahora durante las vacaciones. Y yo tan seguro de que quería casarse conmigo... ¿Cómo puede uno estar tan ciego?

Walter intenta consolarle:

–Uff, una noticia como esta no debe ser fácil de digerir. A nuestro ego no le sienta nada bien que alguien nos abandone. Sin embargo, ¿no has dicho esta mañana que a menudo piensas en poner punto final a vuestra relación, pues ya solo estáis juntos por costumbre? Sara por fin ha demostrado tener el valor que a ti te faltaba.

–¿A eso le llamas tú valor: a engañarme con otro? Si únicamente hubiera tenido una aventura, todavía lo entendería. A fin de cuentas, a mí también me ha pasado. Pero las mujeres tienen que enamorarse enseguida... Quiere quedarse con él. ¡Valor, dices! ¡Jaja, qué risa! Qué fácil es dejar a tu pareja si ya has encontrado quien le sustituya –exclama Christian indignado.

Intervengo, tratando de ayudar a Christian a ver la situación desde otro prisma:

–Ahora por lo menos sabes a qué atenerte y puedes rehacer tu vida. Reconócelo, en el fondo, eso es lo que querías.

Y ella te lo ha puesto más fácil. Míralo por el lado positivo: ambos tenéis la oportunidad de encontrar la pareja adecuada, alguien que realmente pueda haceros feliz. ¡Arriba ese ánimo, Christian! Entonces, ¿te vienes con nosotros a cenar, o quieres quedarte con Sara?

–Ya me he despedido de ella por hoy. No está sola; sus padres están con ella.

–Bueno, pues vámonos. ¿Qué os parece si nos tomamos una cañita antes de cenar? –sugiere Walter.

De camino a la cervecería, Christian quiere saber si he continuado relatando mi inacabada historia, y él se lo ha perdido.

–Pues la verdad es que no nos ha dado tiempo. Hemos estado tan ocupados caminando montaña arriba, jadeando, apartando vacas del camino y hablando de nuevos proyectos, que hemos olvidado el tema por completo –le informo.

–Genial, entonces puedes seguir contándonoslo ahora. Me interesaría saber cómo acabó todo. Y además, así me distraes un poco y pienso en otra cosa; no puedo quitarme a Sara de la cabeza.

En la rústica cervecería huele a malta y cebada. En el centro del restaurante hay dos grandes calderas cerveceras de cobre que confieren al lugar su carácter auténtico y singular. La música popular, las camareras con sus típicos

135

trajes regionales, los platos llenos de especialidades báva-
ras y los animados clientes crean un ambiente muy agradable.

Tan pronto como nos sentamos, mis tres acompañantes
me observan a la expectativa.

–¿Cómo continúa tu historia? ¿Dónde nos habíamos quedado? –apremia Christian.

Margit lo recuerda con pelos y señales:

–Nos has relatado ya tu gran plan: trabajar algunos años
como un loco para poder permitiros en el futuro una vida
sin preocupaciones en una casa junto al mar. Lo que con-
llevó que descuidaras bastante a tu mujer. Y la pobre tuvo
que conformarse durante años con una relación prácticamente de fin de semana. Eso llegó a no hacerle nada de
gracia. Y luego no reaccionaste ante sus advertencias. Ella
no quería aplazar más vuestra felicidad, pero tú estabas
tan obsesionado con tu proyecto de vida, que no te diste
cuenta de que te pasaste de la raya. ¿Lo he resumido bien,
Oliver?

–¡Perfectamente! Así fue como ocurrió... Y así continuó
durante bastante tiempo. Algún día Elena comprendió
que no podía luchar contra mi obstinación y decidió trabajar cada vez más para compensar su soledad. Fue as-
cendida en su empresa y, como yo, empezó a hacer viajes
de negocios internacionales. Estaba muy orgulloso de ella.
Además, era emocionante encontrarnos de vez en cuando
durante esos viajes en hoteles por todo el mundo...

Mis recuerdos vuelan por un momento a París. Interiormente, pienso en aquella noche tan excitante. Ella participaba en un congreso y pernoctaba en un hotel pequeño y muy típico francés en la *Plaçe Vendome*. Yo estaba de paso en París y pude arreglarlo para pasar una noche juntos, antes de continuar mi viaje el día siguiente hacia los Estados Unidos. Ya al entrar en el romántico y antiguo ascensor, construido en 1928 según pude leer en una diminuta placa de metal, mi corazón comenzó a latir con fuerza. No por sentirme inseguro en aquella anticuada cabina de hierro y madera, sino porque estaba impaciente por verla. Tras llamar a la puerta con los nudillos, el sonido de sus tacones acercándose aceleró de nuevo mis pulsaciones. Abrió la puerta, y me quedé sin aliento. Se había cortado su negro y brillante cabello al estilo francés, muy *chic*. Sus ojos, ya de por sí expresivos, me parecieron más intensos que nunca, gracias a algo de maquillaje. Sus labios rojos me sonrieron lascivamente. Llevaba un salto de cama negro y transparente, bajo el cual se veía un pequeño tanga y unos ligueros. La tenue luz de la habitación hacía brillar sus medias de seda. Los últimos rayos de sol de la tarde se colaban entre las casi cerradas cortinas de un grueso terciopelo rojo rubí. Elena me saludó con un seductor *Bonjour Monsieur*[2]. Hacía como que no nos conocíamos, y yo le seguí el juego con gusto. Lo que ocurrió después todavía hoy día me hace sudar cuando lo recuerdo.

Afortunadamente, mis amigos no se percatan de que, por un instante, mi mente ha hecho un estimulante viaje al

---

[2] Buenos días, señor.

pasado. Me esfuerzo por quitarme a Elena en ligueros de la cabeza, y me obligo a regresar a la realidad y al tema del que estábamos hablando:

–Ella acabó conformándose con nuestro modo de vida. Por fin me dejó en paz, y yo pude trabajar todavía más. Sobre las 6 de la mañana yo ya solía estar en la cola del *check-in* en el aeropuerto. Volaba a las empresas de mis clientes, y me pasaba todo el día haciendo análisis económicos y estratégicos, reuniones, presentaciones, etc. Bebía litros y litros de café. Durante el día prácticamente no comía, y si lo hacía, siempre junto al ordenador sin dejar de trabajar. Menos mal que las pastas y galletas nunca faltaban en los *meetings y workshops*. A menudo trabajaba por las noches hasta que el vigilante apagaba las luces y me invitaba a marcharme para poder encender la alarma. Cuando al día siguiente tenía citas con otros clientes en otras ciudades, solía comprarme la cena, un bocata o algo así, en una gasolinera, y me lo comía mientras conducía el coche de alquiler. De camino, llamaba al hotel para avisarles de que llegaría pasada la media noche. Elena sabía que no debía molestarme durante el día. De modo que esperaba pacientemente mi llamada cada noche. Para ella era importante que –independientemente de la hora– la llamara desde el hotel para decirle que había llegado bien. Su irracional miedo de que tuviera un accidente era cada día mayor. Se imaginaba constantemente que algún día la llamada de media noche no provendría de mi hotel, sino de la policía o un hospital.

Christian asiente mostrando comprensión.

–Sé de qué hablas. Sara también se preocupa continuamente por todo. Nunca he logrado comprender porqué hay gente que se inquieta por cosas que todavía no han sucedido. Quizás nunca llegan a ocurrir, y todo el desasosiego ha sido en vano. Yo soy mucho más pragmático.

–Yo también decía siempre que era una chorrada. ¿Qué puede pasarme?, le decía a mi angustiada esposa. Aunque, la verdad es que no era del todo sincero. Era perfectamente consciente de lo que podía pasarme, a juzgar por las señales cada vez más frecuentes que mi cuerpo me daba. La primera vez que tienes un tic en un ojo, te asustas. Pero uno se acostumbra a ello bastante rápido. Y piensas: «bah, no es más que un poco de estrés». Cuando el primer pinchazo fuerte en el corazón te deja sin aliento, te gustaría ir inmediatamente al médico. Lo cual, por supuesto no haces, por falta de tiempo. Y cuando compruebas que, a pesar de que esos pinchazos vuelven con frecuencia, no llega a pasar nada grave, entonces también te acostumbras a vivir con ello. Y piensas: «bah, seguro que tan solo son los nervios». Contra los reincidentes dolores de cabeza y de espalda, una pastillita es mano de santo. Y piensas: «bah, esto lo tiene todo el mundo». El herpes en los labios es muy desagradable porque, además de escocer, es bastante feo. Y piensas: «bah, en cuatro días se me habrá ido». Pero, en el fondo, uno sabe perfectamente, que no es solo un poco de estrés, y que todos esos síntomas normalmente no aparecen en un cuerpo sano. La realidad es que nuestro cuerpo nos manda señales de aviso y pide ayuda a gritos.

Walter desea aportar algo a la conversación:

—Pero preferimos ignorar dichas señales, debido a que nuestra sociedad actual nos anima a interpretar el papel de personas importantes y estresadas. Parece que te crea mejor imagen si les cuentas a todos lo estresadísimo que estás siempre, y que corres de cita en cita, que si les dices que tienes tiempo libre. Absurdamente, en nuestra cultura el estrés está vinculado con el éxito. Y no solo en el mundo laboral. Incluso a las amas de casa, a los pensionistas y hasta a los parados les gusta desempeñar el papel de personas ocupadísimas. Muchos parecen pensar que si uno tiene mucho tiempo, únicamente puede ser porque no tiene nada que hacer. Y eso solo puede significar que, o eres un fracasado, o un vago. ¿Y quién quiere ser eso? Así que, nos "adornamos" con el estrés y con todo lo que el mismo conlleva, es decir, ser importantes, tener éxito, dinero, poder, inteligencia... Y aceptamos los daños colaterales.

—Sí, lamentablemente –confirmo. –Al principio todavía podía ocultarle a Elena mis problemillas de salud. Si bien, el perseverante herpes labial me delató. Llegué a tener la boca llena de esa asquerosa infección, y además empecé a rechinar los dientes mientras dormía, hasta que un día al hacerlo se me rompió uno y tuve que ir al dentista inevitablemente. Al ver las llagas blancas, me puso sobre aviso de que a largo plazo podrían llegar a originar un cáncer de boca. Cuando volví del dentista, Elena no paró hasta sonsacarme lo que me había dicho. Tan pronto como vio confirmadas sus sospechas de que mi salud no estaba pasando por su mejor momento, se desahogó. Empezó de nuevo con nuestro viejo tema: que tenía que trabajar menos, que me estaba destrozando, que estaba poniendo en peligro nuestra relación... Al principio me reñía mostrando su preocupación por mí, pero con palabras cariñosas. Mas, mis reacciones («no te metas en mis cosas», «ya estás otra vez exagerando»...) acabaron sacándola de quicio. Al no ver ninguna intención por mi parte de cambiar algo, se sintió desesperada y empezó a levantarme la voz. Así comenzó la peor pelea de nuestra relación.

El lenguaje corporal de mis oyentes delata que están intrigados. Los tres apoyan los brazos sobre la mesa a la vez que inclinan la parte superior de su cuerpo ligeramente hacia delante, como si quisieran acercarse más a mí para no perderse ni un ápice de lo que viene a continuación. Sienta bien que a uno le escuchen con tanta atención. Sienta bien saber que alguien se interesa por ti. Eso me motiva a proseguir con mi relato de un modo más teatral:

–De repente, mi mujer se percató de que los prometidos cinco años de trabajo duro ya se habían convertido casi en diez. Ella siempre esperó que cuando llegara el momento de decir basta, yo me diera cuenta. Había confiado en mi sentido común. Y la decepcioné. Mi ambición fue mayor que mi razón... Me observó fijamente con la mirada más crítica que yo había visto en sus ojos jamás, y me preguntó: «¿cuánto tiempo va a seguir esto así? ¿Tendrás bastante algún día? ¿O acaso tienes planeado continuar así hasta que seas el hombre más rico del cementerio?» Esa frase me puso furioso y me defendí con un contraataque: «¡mejor para ti, así serás la viuda alegre y podrás vivir a lo loco con el dinero heredado!» Estas palabras agotaron su paciencia y de pronto estalló su temperamento: «¡¡no has entendido nada en absoluto!! Ya no soporto oír la palabra dinero ni una vez más. ¡¡¡No quiero tu maldito dinero, te quiero a ti!!!» Ese "¡¡¡a ti!!!" retumbó por la casa como un trueno, pero todavía no había terminado: «¡estoy hasta las narices de esperar! ¡Me siento tan engañada! Tú no tienes ninguna intención de cambiar algo. Por fin sé cuáles son tus prioridades. Yo no te importo lo más mínimo».

»Tras este acceso de rabia, se dejó caer sin fuerza en el sofá y se echó a llorar desesperadamente. Sus reproches me parecían tan injustos, que lo último que me apetecía, era consolarla. Al contrario, me enfurecía sobremanera que ella no quisiera entender el porqué de mis actos. De modo que disparé a matar: «¡¡menuda gilipollez!! ¿Cómo puedes ser tan ingrata? Me rompo los cuernos por nuestro futuro en común, y así es como me lo agradeces. ¡Pues búscate un hippie y ya verás qué feliz te hace!»

»Su reacción no se hizo esperar. Rabiosa, se secó las lágrimas con el dorso de la mano y me contestó con ira: «¿por qué siempre te vas a los extremos? ¿Ha de ser todo blanco o negro? ¡No quiero ni un adicto al trabajo ni un hippie, quiero un hombre normal que me quiera y esté a mi lado!» Seguidamente, me vi enfrentado a un ultimátum: «Oliver, sabes que te amo más que a nada en el mundo. Pero si no cambias inmediatamente, me voy. No puedo imaginarme vivir así el resto de mi vida».

»Mi orgullo no permitió que la abrazara y le dijera lo que realmente sentía: que ella era y siempre sería lo más importante de mi vida, que la amaba como nunca había amado a nadie, y que no quería imaginarme una vida sin ella. En lugar de eso, le dije: «pues vete al diablo. Ahí está la puerta».

Mis acompañantes varones bajan la vista como si se sintieran pillados in fraganti. Margit no puede, ni quiere, ocultar su espanto:

–¡Por Dios, Oliver, cómo se puede ser tan desalmado! Nunca lo hubiera imaginado de ti. ¡No me extraña que ahora estés solo!

Walter intenta quitar hierro al asunto y sale en mi defensa, y probablemente también en la suya propia:

–Margit, llamarle desalmado es excesivo. Son cosas que se dicen cuando una pareja se pelea, pero que no se sienten realmente. Una palabra lleva a la otra... Es que las mujeres os lo tomáis todo al pie de la letra.

Christian indaga más profundamente:

–¿Y tuvo el valor de irse, o se quedó?

–Tuvo el valor de quedarse.

Capítulo 11: Oportunidad

De tanto hablar no hemos percibido cómo ha pasado el tiempo. Mientras tanto, ya son las ocho de la tarde, y la mayoría de los clientes del restaurante están cenando. Al ver los suculentos platos que los camareros sacan de la cocina, empiezan a sonarme las tripas. Además, necesito un descanso. Sé que estoy a punto de llegar al acontecimiento que cambió mi vida.

–¿No tenéis hambre? –pregunto.

–La verdad es que sí, pero no queríamos interrumpirte.

–¿Cenamos aquí o vamos a un sitio más tranquilo?

–Dicen que la comida aquí está buena, pero dentro de un rato habrá música en vivo, y va a haber demasiado ruido para charlar.

–Entonces, ¿alguién tiene una propuesta?

–En este pueblo se come bien en todas partes. Hay tantos restaurantes buenos... A la vuelta de la esquina está uno de mis preferidos. Hacen unos escalopes de ternera espectaculares.

–¡Hmmm, me encantan los escalopes de ternera! No se hable más, vamos para allá.

Los escalopes superan todas nuestras expectativas: casi se salen del plato, y están crujientes por fuera y muy tiernos por dentro.

–Si me hubieran dicho que hoy estaría aquí sentado con vosotros comiéndome un escalope, mientras que mi "novia recién convertida en exnovia" está en el hospital... Qué rápido te puede cambiar la vida –farfulla Christian.

–¿Me lo dices o me lo cuentas? –confirma Margit. –Pero hay que mirar hacia delante. Quién sabe dónde estaremos dentro de un par de años... Quizás la vida nos depara maravillosas sorpresas.

–Seguro que sí. Solo hay que creer en ello –añade Walter.
–Estoy totalmente convencido de que para todos nosotros hay un antes y un después de estas vacaciones. No sé si es una casualidad que ayer en la cima nos encontráramos con este colgado llamado Oliver. En todo caso, lo que está claro es que mi vida desde ese momento ha cambiado.

Margit interviene:

–Quizás deberíamos poner al día a Christian. Él no estaba con nosotros cuando hablamos de los planes en común que Walter y yo tenemos. ¿Sabes?, hemos decidido unirnos.

–¿Cómo "uniros"? ¿Tenéis un lío? Pensaba que estás casada, Margit.

–Y lo estoy. Todavía. Me has malinterpretado. Solo somos amigos. Lo que quería decir es que queremos emprender algún proyecto juntos –aclara Margit velozmente.

–Pero nunca se sabe lo que depara el futuro –bromea Walter, mientras le guiña un ojo a Margit. Entonces, se vuelve hacia Christian, y le informa:

–Margit ha decidido separarse de su marido.

–¡Vaya! –exclama Christian sorprendido. –Parece que esto de las separaciones es contagioso. Va a ser verdad que estas vacaciones van a cambiar nuestras vidas. ¿Y en qué tipo de proyecto estáis pensando?

Walter le cuenta a Christian lleno de entusiasmo su "visión" de la pensión en Oberstdorf.

–¡Genial! Ya sé donde dormiré en el futuro cuando venga a Oberstdorf. Espero que me hagáis precio de amigo –se guasea Christian.

–Ok, pero ahora que ya no hay secretos, me gustaría saber por fin cómo acaba la historia de Oliver –propone Margit.

–Sí claro. Te habías quedado en lo de la gran pelea entre tú y Elena. Has dicho algo curioso: que a pesar de todo, tuvo el valor de quedarse. Antes me decíais que os parece correcto que Sara haya tenido el valor de terminar nuestra relación. Sin embargo, si se refiere a Elena, crees que demostró coraje no al marcharse, sino al quedarse. ¿No te parece contradictorio? ¿Podrías explicármelo, si no te importa? –añade Christian sin poder evitar que sus palabras rezumen cierto regusto.

–Te lo explico con mucho gusto. Una pareja que no es feliz y cuya relación no tiene perspectivas, debería separarse para tener una nueva oportunidad de encontrar la felicidad. Según tus palabras, ese es precisamente vuestro caso. Pero, si estás convencido de haber encontrado a la pareja idónea para el resto de tu vida, entonces merece la pena luchar por esa relación, sin importar cuán adversas sean las circunstancias. Y podéis creerme: fue una lucha dura.

Medito brevemente el mejor modo de proseguir con mi relato.

–Como en cada matrimonio, tras la pelea llegó la calma. Durante unos días conseguimos ser de nuevo cariñosos el uno con el otro. Disfrutamos de un estupendo "fin de semana de reconciliación", y nos sentimos tan felices como en nuestros mejores tiempos. Mas, el lunes llegó, y con él la rutina diaria. Mi vuelo salió hacia Berlín a las 6:30 h. De nuevo una semana de ausencia, distancia y espera. Y así pasó el tiempo, hasta que un día el destino interrumpió la monotonía. Había trabajado unas 14 horas en un complicado proyecto. Sin pausa, por supuesto. Tenía los nervios de punta, no solo por el cansancio, sino también por las cantidades industriales de café que me había bebido para mantenerme despierto. A las 22 h. me subí al coche dispuesto a conducir hasta la ciudad donde tenía citas la mañana siguiente, y donde había reservado una habitación en un hotel. Tenía por delante tres horas de viaje. Como de costumbre, me compré un *sandwich* y una chocolatina en una gasolinera, y me lo tragué mientras conducía. Justo al terminármelo, empencé a sentirme mal. Tenía náuseas y comenzaron a sudarme las manos. Lo achaqué a que había devorado la comida de un bocado, y seguí conduciendo. Después de dos horas, el cansacio llegó a ser insoportable. Subí el volumen de la radio, si bien, la música tuvo efectos sedantes, como si me cantaran una canción de cuna. Entonces abrí la ventana para que el aire fresco me espabilara. Era una gélida noche de invierno y el frío prácticamente inaguantable. De modo que tuve que volver a cerrar la ventana. Al poco tiempo, casi no lograba mantener los ojos abiertos. Ni me planteé parar o buscar un hotel cercano, ya que solo quedaba una hora de autopista para llegar a mi destino. Tenía que aguantar. De pronto, comencé a sentir los ya usuales pinchazos en el corazón, esta vez acompañados de un fenómeno nuevo para mí: un agudo pitido en los oídos. Seguidamente me sentí muy mareado.

Margit, Walter y Christian me escuchan como hipnotizados, con sus cuerpos en tensión y los ojos muy abiertos.

–Súbitamente, sentí el impacto. Todo ocurrió muy deprisa. Supongo que me quedé dormido unos segundos, y choqué contra la valla protectora de la autopista a 180 km/h. Un subidón de adrenalina y el golpe del *airbag* me despertaron como si me hubieran dado un electrochoque. Mi coche salió catapultado hacia el lado opuesto de la autopista, y finalmente volcó. Gracias a Dios era tarde y no había mucho tráfico. Los vehículos que iban detrás de mí, vieron el accidente desde lejos y pudieron reaccionar a tiempo, de modo que no hubo más heridos que yo. Nunca habría podido perdonármelo si por mi culpa otras personas hubieran resultado heridas o incluso muertas.

Al recordar aquella noche, mi garganta se ha secado, me cuesta tragar saliva, y mi voz tiembla ligeramente.

–Dios mío, se me ha puesto la carne de gallina, Oliver – murmura Margit visiblemente aturdida.

–¡Chico, chico, dentro de la mala suerte, tuviste mucha suerte! Puedes considerarte afortunado de poder contarlo –opina Walter.

Bebo un buen trago de agua y contesto:

–Y que lo digas. Podría haber acabado mucho peor. Estuve un mes en un hospital con todo tipo de heridas, pero ninguna de gravedad.

De repente le viene a Christian algo a la cabeza:

–¡Ostras, tu mujer recibió la llamada telefónica que siempre había temido!

–Exactamente. Cuando me vió con el gotero puesto, la pierna izquierda escayolada, la cara deformada por los cortes y moraduras, y lleno de vendas por todas partes, no pudo evitar soltar un grito. El pánico que la había atormentado durante todo el camino hacia el hospital, se mezcló con el alivio de verme con vida. Se dejó caer en una silla junto a mi cama y lloró hasta que se quedó sin fuerzas. Después prácticamente se mudó a la clínica. Se cogió unas semanas de vacaciones y no me dejó solo ni un solo día. Debido a mi estado, no era recomendable un traslado a un hospital de Múnich, cerca de nuestra casa. Por lo que decidió reservar una habitación en un pequeño hotel directamente junto al hospital, antes de lo cual tuvo alguna que otra discusión con el personal del mismo. Estaba habituada a la costumbre española de que un familiar se quede a pasar la noche en la habitación del enfermo. Como tantas otras veces, se vio confrontada con la frase "eso en nuestro país no se hace". Y, como tantas otras veces, se dio cuenta de que ni el encanto ni la amabilidad tienen algo que hacer contra un NO alemán. No le quedó más remedio que acatar las estrictas normas y horarios de visita del hospital, no sin sentir cierta lástima hacia una sociedad que parece no haber comprendido el inmenso poder curativo que tiene el amor de un ser querido.

»Con su presencia y los panecillos y *croissants* recién comprados –los cuales desprendían un aroma delicioso–, enriquecía cada mañana el escaso desayuno de la clínica. Luego intentaba hacerme los largos días lo más agradables posible, con un programa de ocio de lo más variado: juegos de mesa, películas, lecturas de libros y periódicos con posterior tertulia... Por primera vez en muchos años teníamos todo el tiempo del mundo para hablar.

Un hálito de ternura se apodera de mí por unos segundos, al recordar esos momentos con mi mujer en el hospital.

–Gracias a nuestras largas y agradables conversaciones, para las cuales antes no tenía tiempo, conocí una nueva Elena: más madura, más segura de sí misma , pero todavía rezumando cordialidad y llena de frescura. Y ella creyó haber recuperado a su antiguo Oliver: un hombre que no solo la amaba, sino también se lo demostraba. Me quedó cristalinamente claro que, en esta difícil situación, ella fue la única persona que estuvo a mi lado y me ayudó. Ninguna de esas personas a las que yo había dedicado todo mi tiempo, es decir, mis clientes, estaban allí. Supongo que es normal que los clientes no te ayuden cuando las cosas te van mal. No obstante, esto me hizo meditar si no es un error quitarles tanto tiempo a la familia y los amigos, para entregárselo a esta gente... Los únicos que nos interrumpían de vez en cuando a Elena y a mí eran los médicos, que querían controlar mis avances, o las enfermeras, que querían ponerme una inyección, darme alguna pastilla, o hacer que mis rígidas articulaciones volvieran a ser movibles. Unos días después del accidente, cuando yo ya no estaba tan grogui, vino un médico para hablar con nosotros personalmente. Sus numerosas preguntas revelaron que estaba menos interesado en mis huesos rotos que en mi estilo de vida: «¿a qué se dedica profesionalmente? ¿Cuántas horas al día trabaja? ¿Cuántos días de vacaciones hace al año? ¿Práctica deporte con regularidad? ¿Diría que su alimentación es equilibrada? ¿Se siente mal con frecuencia, quiero decir, había tenido con anterioridad pinchazos en el corazón, presión en el pecho, o fuertes dolores de espalda o de cabeza?» Mientras yo le iba descubriendo poco a poco la vida tan estresante que llevaba, él asentía con la cabeza, como si ya lo supiera todo sobre mí; mis análisis de sangre me habían delatado. Fue una dura conversación:

«Usted sabe porqué ha tenido este accidente, ¿verdad?»

«Sí, estaba agotado».

«No solo eso. Usted tuvo un ataque cardíaco. Sus valores de la sangre muestran una alta concentración de adrenalina, noradrenalina y cortisona. También hemos detectado hipertonía arterial, es decir, hipertensión, como consecuencia del estrechamiento vascular, lo cual es la fase previa al infarto de miocardio».

Al ver el compungido rostro de Elena, intentó tranquilizarnos:

«Todavía no tienen porqué preocuparse en exceso. Un ataque cardíaco se produce cuando una arteria coronaria se estrecha, pero no se cierra del todo. Como el miocardio todavía está suficientemente alimentado, los tejidos no mueren totalmente. Los síntomas son similares a los del infarto. Si bien, no causa daños permanentes. Si usted desea que su estado de salud vuelva a ser estable, debería cambiar su estilo de vida a partir de hoy mismo. ¿Sabe?, no deberíamos tomarnos el estrés a la ligera. Un estrés constante puede provocar numerosos trastornos funcionales de los órganos. El sistema inmunológico puede llegar a estar tan debilitado, que puede surgir prácticamente cualquier enfermedad, incluso tumores malignos».

Margit y yo nos miramos a los ojos. Ella asiente pensativa. Yo respiro profundamente, y sigo hablando:

–Fue un duro golpe, incluso para mí. Siempre pensé que nada podía conmigo, y mucho menos un poco de estrés. Por primera vez en mi vida me sentí desamparado. Es asombroso, qué rápido se cae uno del pódium cuando te plantan frente a los ojos que estás al borde del precipicio, o cuando una enfermera te mete un orinal bajo el trasero en la cama, porque ni siquiera eres capaz de hacer tus necesidades por ti mismo. De pronto ves la vida a través de una perspectiva totalmente distinta. Las prioridades cambian por completo: los primeros pasos en la habitación suponen un gran éxito (antes éxito era un proyecto culminado satisfactoriamente); llegar hasta el pasillo y, una vez allí, dar unos pasos de arriba para abajo se convierte en una meta (antes una meta era finalizar los proyectos de un modo rápido y eficiente); la primera vez que vas al servicio tú solo es una gran alegría (antes alegría era permitirse unas vacaciones de ensueño).

Ahora mi mirada se cruza con la de Christian. Él sonríe asintiendo con la cabeza.

–Tras algunas semanas de cuidados intensivos –por cierto, mientras tanto había sido trasladado a un hospital de Múnich para estar más cerca de casa– me sentí bastante mejor, dentro de lo que cabe. Al margen de tener que ir con muletas y la pierna escayolada, y que los analgésicos se habían convertido en parte fundamental de mi alimentación diaria, empecé a sentirme de nuevo como un hombre autónomo, capaz de valerse por sí mismo. Iban a darme el alta en un par de días. Pero antes, tuve que prometer a los médicos y a mi esposa que seguiría cuidándome en casa, y que cambiaría mi estilo de vida de inmediato. Me pareció razonable. Tras las conversaciones con Elena sobre nuestros errores, nuestro futuro en común y nuestras nuevas prioridades, estaba motivado y con buena voluntad para ralentizar mi ritmo. Dos factores fueron decisivos. En primer lugar, las preguntas que me formuló Elena: "¿qué es importante para ti en la vida?" y "¿qué necesitas realmente?" En segundo lugar, la cognición a la que había llegado en el hospital: lo rápido que puede ocurrir, cuán raudo pueden ser destruidas la salud y la felicidad de una persona...

»Sin embargo, el primer día que pasé en casa, al recibir la llamada telefónica de un cliente, me sucedió exactamente lo mismo que a un fumador que se propone una y otra vez dejar por fin de fumar, y siempre acaba cayendo de nuevo en la tentación. La urgencia del asunto de mi cliente hizo desaparecer en pocos minutos todos mis buenos propósitos, y disfruté de nuevo del sabor agridulce de mi añorado trabajo, como un fumador goza al saborear el primer cigarrillo tras un período de abstinencia. Como mi pierna todavía estaba escayolada, le sugerí al susodicho cliente que nos reuniéramos en mi casa. Cuando colgué el teléfono y anoté la cita en mi agenda, estaba como embriagado. Inmediatamente llamé por teléfono a mi secretaria para pedirle que me trajera lo antes posible los documentos necesarios para la cita. Y seguidamente le pregunté a Elena si le parecía buena idea invitar a mi cliente a comer en casa después de la reunión. Por supuesto, alabé sus artes culinarias para motivarla a que nos deleitara con uno de sus menús.

–¡Y seguro que ella se puso a dar saltos de alegría! –suelta Margit con tanto sarcasmo en la voz, que no puedo sostener su crítica mirada.

Una amarga sonrisa acompaña mi respuesta al rememorar la escena que siguió después.

–Elena se me acercó mucho, me observó fija e inquisitivamente, y dijo en voz baja: «no tienes intención de cambiar nada». No fue un reproche. Fue algo mucho peor: el dolor hecho palabra, provocado por una gran decepción. Mientras yo farfullaba un bobo "sí, sí", cogió una silla, se sentó junto a mí y preguntó: «¿qué ha sido de tus buenos propósitos? ¿Trabajar menos significa para ti concertar citas el primer día en casa tras volver del hospital?» Intenté justificarme enseguida con un montón de explicaciones plausibles: «no puedo hacer esperar más a este cliente. Ya llevo demasiado tiempo fuera de combate y me estoy arriesgando a perderlo si ahora no reacciono con celeridad. Ha habido algunas complicaciones en mi ausencia. Ya sabes cómo es esto, si uno no se preocupa de todo personalmente...»

–¿Y todas tus buenas intenciones, qué pasó con ellas? –me interrumpe Margit de nuevo. Parece que se está tomando mi relato de un modo personal, como si se tratara de ella misma.

–Margit, justo esas fueron las palabras de Elena en ese momento. Se había hecho tantas ilusiones de que mi estancia en el hospital, las amenazas del médico y nuestras intensas conversaciones me habrían abierto los ojos... Ella me había hecho entender claramente que nuestra relación podría fracasar si continuábamos como hasta entonces. Yo le había asegurado que era un hombre nuevo y ella mi mayor prioridad. Y, súbitamente, un cliente cualquiera volvía a estar en primer plano. No quería decepcionarla de nuevo, pero no podía hacer otra cosa. La mera idea de perder un cliente me torturaba. ¡No podía permitirlo!

–¿Y perder a Elena? –pregunta Walter.

–¿Y arriesgar tu salud? –añade Margit.

–Naturalmente que no deseaba perder a mi mujer, ni poner en riesgo mi salud. ¡Pero es que yo realmente no veía el peligro de que ello pudiera suceder! Por un lado, volvía a sentirme fuerte, y por otro, seguía sin poder imaginarme que Elena pudiera llegar tan lejos. Así de ciego puede uno estar...

»Ella se quedó mucho rato allí sentada, con la mirada más triste que jamás he visto en sus expresivos ojos. Una conmovedora mirada, que no hubiera querido tener que ver. Con los ojos húmedos y la voz quebrada, dijo: «no puedo más, Oliver. Tú nunca vas a cambiar, y yo no quiero quedarme a ver como te destrozas. No quiero pasar el resto de mi vida con un hombre que únicamente vive para su trabajo». Sus palabras eran cada vez más afiladas, su tono de voz más alto. «Ya no confío en ti. Todo han sido promesas vacías... Eres y seguirás siendo un *workaholic³*». Esta palabra no encajaba en el concepto que yo tenía de mi mundo. No para mí. Otros en mi campo profesional, quizás, pero yo no soy un adicto. Y así se lo comuniqué: «no, Elena, estás equivocada. Las personas adictas sufren. Sus vicios les dominan y condicionan su vida. Mi caso es muy distinto. Yo no sufro nada en absoluto. ¡Disfruto de mi trabajo! El desafío de formar parte de proyectos importantes; modelar el futuro de empresas exitosas; las interesantes conversaciones con mis clientes, personas inteligentes a las que valoro y admiro por su carácter emprendedor y su espíritu de lider; las pequeñas amenidades que conlleva mi trabajo, como los viajes por todo el mundo... Todo ello contribuye, y mucho, a mi felicidad. Si no lo tuviera, me faltaría algo. Y, por favor, no olvides cuánto tiempo he luchado para alcanzarlo. Pero eso no significa que tú no seas importante para mí. Tú eres todo para mí, cariño. Por favor, tranquilízate y luego seguimos hablando. Ahora tengo que hacer un par de llamadas urgentes».

–¡No! –grita Margit espontáneamente al prever la reacción que mi última frase podría provocarle a Elena.

–Pues sí, con esas palabras me lo jugué todo. Elena se levantó y salió de la habitación, sin decir nada más. Las llamadas telefónicas con mis empleados y con dos clientes me mantuvieron distraido durante un buen rato. Entonces volvió a aparecer, pero no pasó de la puerta del

---

³ Adicto al trabajo.

despacho. Junto a ella, una maleta. «¿Qué haces? ¿Qué te propones?», le pregunté perplejo. «Me voy, Oliver», contestó. Sus enrojecidos ojos delataron que había estado llorando mientras yo hablaba por teléfono. Lo intenté todo para hacerla desistir de su decisión: «¡venga, Elena, no hagas tonterías! ¡No destroces nuestra vida! Todos estos años de felicidad juntos... ¿Acaso ya no tienen valor para ti? Además, ¿a dónde quieres ir? Ven, cielo, siéntate un momento. Ahora estás muy nerviosa y no sabes lo que haces».

–Y, ¿lograste convencerla? –quiere saber Christian.

–Se quedó totalmente rígida bajo el umbral de la puerta, y desde allí me arrojó su ira acumulada. Sus palabras, maquilladas con una cínica sonrisa, fueron: «¿yo soy quien destruye nuestra vida? ¡Lo que me faltaba por oír! ¡Qué poca vergüenza!» La rabia y la decepción se mezclaron en un cóctel explosivo. «¡Ya no puedo más! ¡Ya no quiero! Has tenido una gran oportunidad, pero no has comprendido nada».

Me doy cuenta de que el revivir aquella escena todavía me duele. Cierro los ojos y murmuro:

–Elena lloró. Elena gritó. Elena se fue.

Capítulo 12: Despertar

Mis tres oyentes se quedan un instante aturdidos y sin habla, como el público tras ver una obra de teatro con un dramático final, con un nudo en la garganta e incapaz de aplaudir inmediatamente tras la caída del telón. Poco a poco, algunos espectadores en el teatro despiertan de su turbación, y comienzan a aplaudir tímida y paulatinamente. El resto de la sala se deja contagiar, y todos acaban aplaudiendo frenéticamente. Agotados pero satisfechos, los actores y actrices vuelven al escenario y se inclinan ante su público, mientras éste muestra su entusiasmo con más aplausos –a pesar de sus doloridas manos– y apasionadas ovaciones.

A mí no me aplaudió nadie.

Walter es el primero en despertar del azoramiento:

–Hombre, Oliver, ¿y la dejaste marchar así, sin más? ¿No fuiste tras ella?

–¿Cómo, con la pierna escayolada y las muletas?

–¡Ah, claro! ¿Y entonces, qué hicíste?

–Entonces aprendí lo que significa desesperación. Traté sin cesar de localizarla en el móvil, y siempre me salía el contestador automático. Llamé a todos nuestros familiares y amigos para preguntarles si estaba con ellos. Nadie sabía nada de ella. Luego averigüé los números de teléfono de sus amigas, a las que yo no conocía muy bien. Tampoco ellas sabían dónde estaba. Había desaparecido de la faz de la Tierra, dejándome un sufrimiento desconocido para mí hasta aquel momento: el vacío. Incluso pensé en llamar a la policía, pero eso no tiene mucho sentido cuando a uno le deja la mujer tras una pelea, ¿no?

–¡Claro!

–Y de nuevo me sentí desamparado, un sentimiento que había conocido tras el accidente, y que esta vez llegaba con más fuerza todavía. Los nervios me hicieron olvidar la cita que había concertado con un cliente para el día siguiente. Cuando, de buena mañana, llegó mi secretaria, yo estaba extenuado y en chándal. Con su ayuda, pudimos preparar lo imprescindible para que la cita tuviera lugar. Si bien mi cuerpo estaba presente, mi mente se encontraba ausente. Todo lo que ese hombre me contaba, ya no me importaba lo más mínimo. Las numerosas preguntas estratégicas que solía hacer a mis clientes con el fin de encontrar soluciones a sus problemas, ese día las hubiera sustituido con mucho gusto por una sola y simple pregunta: ¿ha visto usted a Elena?

»Los días siguientes los pasé como paralizado, esperando que ella volviera. El teléfono sonaba constantemente, pero siempre eran amigos que querían saber si había novedades. Con cada llamada mi estado de ánimo empeoraba dramáticamente. Primero por la desilusión de oír una voz que no era la esperada. También por el temor de no volver a escuchar esa amada voz jamás. Y, por supuesto, por lo preocupado que estaba por ella. ¿Dónde estará? ¿Se encontrará bien? La idea de que podría estar sola y triste en alguna habitación de hotel, me volvía loco. ¡Cuántas veces me había dicho que yo era el sentido de su vida, y que no se podía imaginar vivir sin mí! El miedo de que se le pasara por la cabeza quitarse la vida se hizo latente, robándome la poca paz interior que me quedaba. Esos nuevos sentimientos se instalaron en mi cabeza como indeseables fantasmas. Dejé de preocuparme por mí; ya solo me importaba ella. Pero puede que fuera demasiado tarde... Salí de casa por primera vez el fin de semana siguiente. Elena y yo estábamos invitados al 50 cumpleaños de un buen amigo. La esperanza de que ella podía aparecer por allí, me dio la fuerza necesaria para arrastrarme hasta allí con las muletas.

–Y, ¿estaba? –pregunta Margit intrigada.

–Todos mis viejos amigos estaban allí, treinta años más tarde. Todos menos ella. Y de pronto lo vi claro. Los poderosos sentimientos durante esa larga y solitaria semana, la fingida satisfacción de mis amigos, esa contínua necesidad de recalcar que "habían cumplido en la vida", mientras que sus miradas en realidad delataban que "ya era demasiado tarde", y mi distorsionada imagen reflejándose en una copa de vino tinto a última hora de la noche, me despertaron. Justo ese fue el instante en que realmente decidí cambiar mi vida. Para no tener que pensar jamás: "es demasiado tarde".

Capítulo 13: Reflexionar

Entretanto, los platos de mis amigos están vacíos, mientras que, de tanto hablar, la mitad de mi escalope se ha enfriado. La camarera se acerca a nuestra mesa y, sin ocultar su decepción, me pregunta si no me ha gustado.

–Está tan bueno que me lo voy a comer ahora mismo, incluso frío. Es que he hablado demasiado.

–Si se entera el chef de que ha dejado enfriar su famoso escalope, le prohibirá la entrada al restaurante –dice fingiendo un tono amenazador y, dirigiéndose a los demás, añade:

–¿Desean ustedes la carta de postres?

La descarada respuesta de la chica, con su simpático acento bávaro, nos hace sonreír y deshace la tensión que flotaba en el ambiente por la seria conversación.

–Sí, puede traérnosla ya, yo me acabo la carne en un momento. Me apetece algo dulce –respondo.

Tan pronto como la camarera se ha ido, Christian vuelve al tema que nos ocupaba:

–Tío, no te has privado de nada: estrés en el trabajo, un accidente y encima te abandona tu pareja. A primera vista no se te nota en absoluto. Pero, ya veo que cuando nos das consejos realmente hablas desde la experiencia.

–Experiencia tenemos todos –comenta Walter pensativo.

–La pena es que muchos no escarmentamos. Aunque, parece que Oliver sí aprendió algo de sus vivencias.

–Y hoy día tiene una contagiosa sonrisa, que debería ser patentada –añade Margit.

Le dedico una de mis sonrisas más encantadoras, mostrándole que su bonito cumplido me ha hecho feliz.

–¿Cuánto tiempo has dicho que hace de todo eso? –quiere saber Christian.

–Sobre cinco años.

–Desde entonces deben haberte pasado muchas cosas para que hoy día estés de tan buen humor. ¿Acaso conseguiste dar un cambio radical a tu vida?

–Sí, ¡y que lo digas!

–¿Con o sin Elena?

–Con.

No soy yo quien responde.

Margit, Walter y Christian miran sorprendidos en la dirección desde la que proviene la voz, y no salen de su asombro. Frente a ellos hay una mujer con aspecto sureño.

–¿Llego a tiempo para tomar un postre? –pregunta con una amplia sonrisa.

Me levanto, me dirijo hacia ella, la abrazo, le doy un beso en los labios y la saludo:

–Hola cielo, me alegro mucho de que ya estés aquí. Te presento a los amigos de quienes te hablé por teléfono.

Mis acompañantes, atónitos, nos observan fijamente con la boca abierta. Con una sonrisa de oreja a oreja, simplemente digo:

–*Voilà*, aquí tenéis a Elena.

Walter se levanta atolondradamente, Christian y Margit le siguen. Los tres le tienden la mano al mismo tiempo. Elena mira las tres manos, no estrecha ninguna de ellas y les planta a todos dos besos en las mejillas.

–Me alegro de conocer a los miembros del Club de la Gente Feliz. Por favor, permitidme lo de los besos. Acabo de llegar de España y todavía no he cambiado el chip. Como sabéis, allí entre amigos nos saludamos con besos en lugar de dar la mano.

Cada una de sus palabras está impregnada de su espontánea naturalidad, y disfruto al observar como se gana la simpatía de las personas con solo tres frases.

–¡Elena, hemos escuchado tanto sobre ti! No te puedes imaginar lo mucho que me alegro de conocerte personalmente –dice Margit. Seguidamente, se dirige a mí y me reprocha: –¡Oliver, no nos habías informado de que Elena iba a venir!

–¡Ni siquiera teníamos claro si todavía estáis juntos o no! –exclama Walter indignado.

–Nos ha tenido intrigados hasta el último momento –dice Christian.

–Je,je, creo que he conseguido sorprenderos, ¿verdad? Cómo iba a perderme la cara de pasmados que se os ha quedado al verla.

–Típico de Oliver –nos aclara Elena. –Es una caja de sorpresas. Por cierto, me muero por un *Germknödel*[4] con mucha salsa de vainilla.

La camarera toma nota de los postres y, mientras esperamos los deliciosos *crêpes* con chocolate fundido, los helados y el *Germknödel*, mi mujer es bombardeada con preguntas.

–Tienes que contarnos cómo fue vuestra reconciliación, después de tu desaparición.

–Sí, ¿y dónde estabas cuando Oliver no podía localizarte en ningún sitio?

–¿Y, al final cambió de verdad?

Su mirada deambula de uno a otro y finalmente me mira a mí, pidiéndome ayuda con los ojos. Como de costumbre, soluciona el tema riendo alegremente y bromeando:

---

[4] Bollo de masa de levadura relleno de mermelada de ciruela, que se prepara al vapor.

–¡Oh! Me siento como una famosa en una rueda de prensa. ¡No sabía que mi vida es tan interesante, qué maravilla! –Fiel a su juguetona forma de ser, imita a una engreída actriz de Hollywood y, haciéndose la diva, ordena: –Una pregunta tras otra, por favor.

–Disculpa nuestra curiosidad. ¡Pero la culpa la tiene Oliver! Desde hace dos días nos está relatando vuestra emocionante historia como si fuera una telenovela. Nos encantaría saber cómo consiguió reconquistarte.

–Con creatividad –dice Elena. –Os lo revelo enseguida, pero antes quería preguntarte cómo se encuentra tu novia, Christian. Espero que mucho mejor. Oliver me ha contado por teléfono lo de vuestro accidente.

–¿Mi novia? Veo que no estás al día. Por lo que se refiere a su salud, está mejorando rápidamente. Y el resto es una larga historia. Mejor que te la cuente Oliver con tranquilidad en otro momento.

–Afortunadamente, no os ha pasado nada grave a ninguno de los dos... Bueno, no os tendré más tiempo en vilo. Os relato la quijotesca reconquista. Cuando Oliver se cercioró de que yo no estaba ni en Alemania en casa de amigos, ni en España con mi familia, se puso en mi lugar, es decir, intentó meterse en mi piel, para averiguar donde podría ir en tal situación. Y esa fue la primera prueba que me demostró que realmente quería cambiar. Pasó mentalmente revista de todos los lugares del mundo en los que yo me había sentido especialmente bien, y a los que siempre deseo volver. Solemos llamarles "nuestros lugares preferidos". Sitios que nos inspiran, que nos despiertan el buen humor, donde tanto el cuerpo como el alma se sienten a gusto. Creo que cada persona debería encontrar su "lugar preferido". No es necesario que sea un lejano, exótico y onírico paisaje. Ese lugar donde encontrar tu equilibrio y paz interior podría estar a la vuelta de la esquina. Un claro en el bosque con imponentes árboles milenarios y un banco de madera en medio; un pequeño embarcadero en un lago, rodeado de juncos, donde sentarse con los pies en el agua y escuchar su suave murmullo; un antiguo cementerio que con el paso de los años se ha convertido en un bello parque, a la vez que en el lugar preferido de divertidas y descaradas ardillas; una habitación –a veces es suficiente con una habitación– que uno mismo ha transformado en una "cámara del tesoro" con los objetos que a uno le gustan especialmente, para algunos pueden ser libros, para otros viejos discos de vinilo, cuadros, fotos o figuras, cosas exóticas sacadas del sueño de las mil y una noches, recuerdos de viajes, lo que sea... Lo importante es tener un rincón privado en este inmenso mundo, donde poder retirarse y sentirse a gusto, cuando uno lo necesita.

Mientras que Elena nos invita a los cuatro a soñar despiertos, las dulces tentaciones han llegado a la mesa y, entre un "¡hmmm!", un "¡que rico!" y un "¡cuánto tiempo sin comer esta delicia!", continúa hablando.

–¿Sabéis una cosa? En estos momentos nos encontramos en uno de nuestros "lugares preferidos": Oberstdorf. Supongo que a vosotros también os gusta este pueblo, de lo contrario no estaríamos hoy aquí juntos. Pero la gente que nunca ha estado aquí seguro que se preguntaría por qué Oberstdorf y no cualquier otro destino vacacional. Es muy sencillo. Llegas, te sientes totalmente a gusto, y ni siquiera sabes porqué exactamente. Todo te parece bien. Las pequeñas tiendas, las acogedoras cafeterías, los tradicionales restaurantes, la silueta de las montañas, las rutas de senderismo, el paisaje y las personas. Para averiguar si uno se encuentra en su "lugar preferido", tan solo hay que hacer un test muy simple: si el estrés y las pequeñas preocupaciones de la vida cotidiana desaparecen como por arte de magia al poco tiempo, efectivamente, has llegado.

–Entonces, ¿Oliver te encontró aquí?

–No. Tuve que hacer un largo viaje pues no quería que me encontrara en un par de horas. Allá donde fui él no podía ir rápidamente con las muletas. Yo sabía que le quitarían la escayola en una semana. Necesitaba ese tiempo para reflexionar.

Elena detiene su discurso. Con la mirada me pasa la palabra, lo cual me alegra, pues me resulta agradable relatar cómo averigüé su escondite.

–Al no localizarla ni en casa de parientes ni de amigos, pensé en nuestros tres "lugares preferidos". Aquí en las montañas no estaba. Otro de nuestros lugares preferidos se ubica en su tierra, en España: una idílica y solitaria cala en el Mediterráneo, donde el agua cristalina entra y sale por los estrechos canales y pintorescas formaciones rocosas que la erosión del mar ha dibujado en la costa con el paso de los siglos. A Elena y a mí nos encanta sentarnos allí y observar el juego de los diminutos cangrejos y pececitos, que se ocultan en los agujeros de las rocas para, segundos después, volver a asomarse para curiosear. Según su familia, tampoco se encontraba allí. Por supuesto, sus parientes más cercanos sabían perfectamente dónde estaba. Pero le habían prometido no decírmelo, y cumplieron su palabra. Tan solo quedaba una persona que quizás podía ayudarme: nuestro agente de viajes, a quién siempre reservábamos los viajes a países lejanos. Quedaba un lugar preferido, y probablemente él sabía si ella estaba allí: el Parque Nacional Khao Sok en Tailandia. El mismo día en que me liberaron de la escayola, fui a la agencia de viajes. Nuestro asesor de viajes preguntó enseguida por mi estado de salud. Estaba perfectamente informado sobre el accidente y creía que ese era el motivo por el cual esta vez no había acompañado a mi mujer a Tailandia. Le dejé en su creencia y le dije que ya me encontraba mejor y por ello había decidido darle una sorpresa a Elena y volar también a Tailandia. Hizo las pertinentes reservas y un par de días después estaba sentado en un avión en dirección a Phuket, el aeropuerto más cercano a Khao Sok.

–¡Qué romántico! –suspira Margit con una soñadora mirada. –Todavía convaleciente, partiste a un largo viaje para reconquistar tu gran amor... Cualquier mujer cae rendida a los pies de un hombre ante un gesto como ese, ¿verdad, Elena?

–Bueno, la verdad es que me gustó... Pero no por el hecho de que me buscara y encontrara, sino porque, en lugar de una rosa y promesas vacías, trajo consigo convincentes ideas para un nuevo futuro en común. Comprobé que había meditado mucho y que, por primera vez, estaba realmente convencido de querer cambiar algo.

–Y que lo digas. ¡Cómo me devané los sesos! La ausencia de Elena hizo nacer algo en mi interior; algo que ni tan siquiera podía imaginar que existía: replantearme y poner en duda mi vida, mi futuro, mi comportamiento con los demás, y hasta a mí mismo. Nunca antes lo había considerado necesario. Todo me iba de maravilla y prefería analizar a los demás (supongo que es algo que lleva consigo mi profesión). Ni el accidente ni las conversaciones con Elena y con los médicos habían conseguido cambiar algo. De golpe, todo era distinto. La situación así lo requería. Pensé: en dos días estaré con ella. ¿Qué le diré? ¿Que la he echado de menos? ¿Que vuelva a casa? Así seguro que no me la ganaré. Quizás debería asesorarme por una vez a mí mismo, y después, con el mismo rigor y convicción que recomiendo a mis clientes, llevar a la práctica las cosas realmente importantes. Ante cada éxito hay siempre un profundo análisis. Ante cada cambio hay una reflexión. El autoconocimento es el primer paso hacia la mejora. Uno solo puede cambiar cuando reconoce sus errores, los admite y aprende algo de ellos. Y cuando uno tiene claro cómo le gustaría que fuera su futuro.

»No me quedaba mucho tiempo hasta el vuelo a Tailandia, así que decidí retirarme un día entero a la habitación de nuestra casa en la que más a gusto me siento: nuestra pequeña biblioteca. Y entonces comencé a reflexionar sobre mí mismo con el fin de encontrar una respuesta a la pregunta clave: "¿qué es lo que realmente me importa en la vida?" El análisis resultó ser tremendamente sencillo: gasto casi todo mi tiempo trabajando. O, dicho de otro modo, acumulando dinero para alcanzar metas aparentemente sustanciales y que, sin embargo, aplazo una y otra vez a un futuro incierto. Estoy atrapado en un círculo vicioso, y he olvidado disfrutar de mi presente. Mientras me mato a trabajar, dejo de lado mis buenos propósitos de enmienda, el tiempo se desvanece y mi estado de salud empeora. A pesar de todas las advertencias, sigo igual. De vivir y probar cosas nuevas, nada de nada. No he sido capaz de aflojar un poco hasta que me he visto obligado a hacerlo temporalmente debido a las circunstancias (es decir, por el accidente). Si bien, al cabo de poco tiempo, regresé a mis viejas costumbres.

»Hoy tengo que tomar una decisión. ¿Continúo como hasta ahora? En ese caso, puedo cancelar el vuelo a Tailandia inmediatamente. ¿O me planteo nuevas metas y soy fiel a ellas? Gracias a mis proyectos como consultor sé que el cambio solo funciona si uno tiene metas concretas. Uno ha de ser consciente de lo que puede realizar, y lo que es beneficioso para uno mismo. Una persona con perspectivas claras es prácticamente infrenable.

Elena me coge de la mano y la aprieta con cariño. Le dedico una cómplice sonrisa y prosigo:

—Miles de pensamientos dieron vueltas en mi mente. Si tienes prisa, anda despacio, dicen en China, de modo que me preparé una taza de café, cogí una tableta de chocolate y me senté cómodamente sobre la suave piel marrón de mi viejo y confortable sillón de orejas. El embriagador aroma que desprendían el café y el chocolate me ayudaron a disfrutar –sin el menor asomo de estrés– de la agradable sensación de que pronto iba a sumergirme en un nuevo capítulo de mi vida. Me sentía satisfecho de por fin haber conseguido meditar sobre las grandes y pequeñas cuestiones de mi propia vida. Cogí un cuaderno y un lápiz. Escribí tres preguntas:

¿Qué he de cambiar en mi vida?

¿Qué significa felicidad para mí?

¿Cuál es mi sueño?

La expresión cavilante de mis oyentes delata que cada uno de ellos está intentando encontrar respuestas a dichas preguntas.

Walter frunce el ceño, agita la cabeza, carraspea y se expresa con cierto escepticismo:

–Qué agradable para ti estar en la privilegiada situación de poder reflexionar sobre cambios y sueños. No todos los humanos pueden permitírselo. Una persona que necesita hasta el último céntimo de su salario para poder llegar a fin de mes, no puede poner su vida patas arriba. La mayoría de la gente no puede cambiar nada en absoluto. Por muy insatisfechos que se sientan.

–Sí, es cierto que mis circunstancias eran aventajadas, ya que desde hacía muchos años había currado día y noche como un poseso.

Margit no me deja continuar y objeta:

–Muchos otros también se desloman trabajando, y a pesar de ello no pueden decidir libremente el modificar su vida. Piensa en todos los que trabajan más de 8 horas al día y sin embargo siempre andan muy justos de dinero. Cuéntales a quienes se encuentran en esa situación y no están satisfechos con su ocupación que tienen que cambiar algo. Se van a tronchar de risa. Lo normal es que la gente tenga familias que alimentar, deudas que pagar, y ninguna oportunidad de plantearse tus tres preguntas aparentemente tan esenciales.

Medita un instante y añade:

–O piensa en las numerosas personas que ni siquiera tienen un puesto de trabajo. Aquí en Alemania, afortunadamente, no hay mucho paro. Pero, por ejemplo en España el desempleo es un gran problema, ¿verdad, Elena?

Mi española asiente dándole la razón a Margit, quien, reforzada, prosigue con su explicación:

–¿De verdad crees que un parado puede permitirse el lujo de plantearse tus tres preguntas? Sospecho que tiene otras cosas en que pensar...

–Sin lugar a dudas, Margit. Evidentemente, las circunstancias son muy distintas para cada persona. Estás describiendo una realidad sumamente complicada: la de personas que tienen que sobrevivir sin un salario, que carecen de sustento. Por supuesto que alguien sin trabajo tiene otras preocupaciones muy distintas de las que yo tenía en aquellos momentos. Por ello, lo importante es que cada uno se plantee las cuestiones idóneas para su situación actual. El ejercicio de encontrar las tres *propias* preguntas decisivas en *tu* vida, puede ser de gran ayuda. Tras ello, uno debería responder sinceramente y entrar en acción de inmediato. Y al hacerlo, no juega un papel determinante el hecho de que seas pobre o rico, viejo o joven, o si estás enfermo o sano. Cada ser humano es capaz de, por lo menos, reflexionar sobre lo que debería y podría mejorar en su vida, teniendo en cuenta sus circunstancias personales, por supuesto. Nunca es tarde. Tan solo hay que quererlo de verdad. Y yo lo quería. Así que, allí estaba sentado con mi hoja de papel, y apunté las respuestas a las tres preguntas que para mí eran decisivas. Esa hoja me acompañó a mi viaje a Tailandia.

–Y, ¿podemos saber las contestaciones? –se interesa Margit.

–La respuesta a la pregunta "¿qué he de cambiar en mi vida?" la formulé relativamente deprisa:

Me gustaría convertirme en un hombre libre.

»Desde que concebí el gran plan de mi vida, mi comportamiento había estado siempre supeditado a esa meta. Algo esencial para alcanzar la felicidad se quedó por el camino:

la libertad. Libertad para disponer de mi tiempo. Libertad para permitir armonía entre mi vida privada y profesional. Libertad para disfrutar de la vida aquí y ahora, y no seguir jugándome el tiempo que me queda de vida, al apostar únicamente por el futuro.

»Seguidamente me concentré en la segunda pregunta. "¿Qué significa felicidad para mí?" Apunté las siguientes palabras:

Felicidad significa tener ganas de vivir.

»Allí estaba, negro sobre blanco. Y lo había escrito yo. ¿Habría sido esa mi respuesta de no haber experimentado aquellos últimos días tan horribles? Seguro que no. Probablemente habría contestado algo así como: la felicidad es tener mi tesis doctoral en la mano tras dos años de duro trabajo; finalizar con éxito un ambicioso proyecto; comprarme un buen coche; tener una gran casa; disfrutar de unas vacaciones en las Maldivas... Hoy día ya me siento feliz al despertarme por la mañana y tener ganas de levantarme; cuando emprendo todo lo que he de hacer ese día con ilusión; cuando acometo lleno de energía todo cuanto me espera, independientemente de qué se trate. La cognición de que la felicidad no depende de cosas materiales me liberó. Como por arte de magia, la felicidad se hizo palpable, al alcance de mi mano. Podía sentirla muy cerca de mí. Se encontraba en mi taza de café; en la tableta de chocolate; en mi pierna por fin liberada de la escayola; en la imaginación de estar pronto junto a Elena; en mi nuevo yo.

»Mi nuevo yo se alegró entonces de formularse la tercera pregunta. ¿Cuál es mi sueño? No hay nada más bello que responder a esta cuestión.

Mi sueño es un nuevo proyecto de vida que me colme. Un proyecto de vida en el cual mi compañera constituya una parte esencial, y en el que los dos nos sintamos realizados. Emprender algo juntos que sea un reto para ambos. Realizar algo que nunca antes hayamos hecho, y que jamás habríamos hecho de no haber despertado. Pensar de un nuevo modo, aprender, crear, llevar a cabo, disfrutar.

Tenía una idea de cómo podría ser esa nueva etapa de nuestra vida. ¿Qué opinaría mi pareja? Estaba impaciente por saberlo. Lleno de expectación, contaba los minutos que faltaban para mi viaje a Tailandia...

Walter –al igual que los demás– me escucha con mucha atención. No obstante, me percato de que no me ha interrumpido por educación, pero está deseando decir algo. Por fin cierro la boca y él aprovecha la oportunidad:

–Oliver, has pronunciado exactamente los pensamientos que se me están pasando por la cabeza desde ayer. Por fin me siento libre para comenzar un nuevo proyecto de vida. La idea de la pensión en Oberstdorf me hace tan feliz y me proporciona tanta energía, que podría comerme el mundo. ¡He recuperado la alegría de vivir! ¡De vivir mi presente y mi futuro!

–He de reconocer que también me habéis contagiado a mí, al escucharos hablar así –dice Margit con una ilusionada sonrisa. –Como sabéis, cuando Walter me propuso lo del proyecto en común, yo tenía mis dudas. El miedo a los cambios era sencillamente demasiado grande...

Christian rompe su largo silencio y vuelve a incorporarse a la conversación:

–Y ahora has comprendido que lo que realmente deberías temer es que todo se quede como está, que todo siga igual.

–¡Así es, Christian! Has dado en el clavo. Walter, puedes contar conmigo. Mis dudas se han disipado.

Elena mira a Margit asintiendo y dice:

–Y si Oliver os cuenta el resto de nuestra historia, estarás más convencida todavía de que no deberíamos tener tanto miedo a los cambios.

Capítulo 14: Decisiones

–Volé a Tailandia con las ideas claras. En el aeropuerto de Phuket me recogió un simpático chófer tailandés que conocemos desde hace mucho tiempo, y me "salvó" de los numerosos taxistas y empleados de empresas de alquiler de coches a la caza y captura de clientes.

El trayecto a Khao Sok duró unas tres horas y, aunque estaba bastante cansado tras el largo vuelo, el espectacular panorama me mantuvo despierto. La vegetación tropical, las coloridas casitas, las terrazas de los restaurantes y las típicas casas de comidas al aire libre, los animados pueblos, las ruidosas motos, las sonrientes personas, las vistas al mar, los elefantes a los bordes de la carretera...

El viaje se me pasó volando y a mediodía ya nos encontrábamos en el muelle del lago Cheow Lan Lake, un gigantesco embalse en medio de una selva tropical. A pesar de que no veía el lago por primera vez, de nuevo me sentí fascinado ante su magnitud. Con frecuencia, la influencia del ser humano en la naturaleza es terrible; pero en este lugar he de admitir que han realizado algo impresionante. En uno de los ecosistemas más viejos y ricos en especies del mundo, Khao Sok fue declarado Parque Nacional en 1980. En ese mismo año, se construyó el dique de contención de Cheow Lan, y crearon el embalse al inundar una parte de los más de 700 km² de extensión del Parque Nacional. Y así fue como surgió un enorme lago tropical con aguas cristalinas, rodeado de bosques prácticamente impenetrables, gigantes árboles milenarios y espectaculares paisajes kársticos.

Nuestro lugar preferido allí es un pequeño y modesto *resort* con *bungalows* flotantes. La sencillez de dichas espartanas casitas, colocadas en hilera a la orilla del lago sobre un rudimentario armazón de madera, algo corrompido por el agua, transmite el auténtico *"Robinson Crusoe Feeling"*. También la soledad. Afortunadamente, el turismo de masas no ha alcanzado estos lares. En el restaurante conoces rápidamente al resto de los huéspedes y compartes con ellos una experiencia culinaria inolvidable: la auténtica cocina casera tailandesa. Incluso te invitan a acompañarles mientras pescan en el lago grandes peces tropicales, tan bonitos que casi da lástima zampárselos. Por supuesto, dicha pena desaparece enseguida al verlos en el plato desprendiendo un aroma delicioso a pescado fresquísimo bañado en leche de coco y especias tailandesas.

–Suena idílico, pero, dime: ¿uno no se aburre en un sitio como ese? ¿Qué se hace allí todo el santo día? –pregunta Walter.

Elena toma la palabra:

–La verdad es que no te aburres ni un momento. Se puede hacer senderismo en la selva tropical con un guía, explorar cuevas, observar la fauna autóctona con guías especializados, nadar en las cristalinas aguas del lago, practicar esnórquel y buceo, pescar y, tan pronto como anochece, puedes participar en safaris de noche, tanto en la selva, como en barco. Por cierto, es muy curioso observar a los monos en los árboles por la noche desde una lancha. El guía lleva un potente foco, con el cual les ilumina. Pero también puedes, simplemente, llevarte un buen libro, sentarte en la pasarela de madera, chapotear con los pies en el agua, disfrutar del paisaje y de la tranquilidad, y leer.

–Ok, no suena mal. Disculpad la interrupción. Oliver, ¿sigues con tu relato?

–Despues del viaje de una hora en barca, por fin divisé los *bungalows* flotantes a la orilla del lago, tras los cuales se alzaba un impresionante trasfondo compuesto por gigantescas montañas y densos bosques. Al acercarme, pude reconocer la silueta de Elena, sentada en el embarcadero, inmersa en la lectura de un libro. Aparte de ella, un gato tumbado al sol y dos niños tailandeses jugando, no había ni un alma. El embarcadero de madera se me antojó más tambaleante y desvencijado que nunca. Cojeé lentamente hacia ella. Al verme, dejó el libro a un lado, se levantó y se dirigió hacia mí con una amplia sonrisa. Dejé caer mi maleta y nos fundimos en un largo abrazo, como si jamás quisiéramos soltarnos. Por primera vez, ella vio lágrimas en mis ojos. Lágrimas de felicidad, de alivio y de gratitud por permitirme sentir su amor sin imponer condiciones, sin exigirme una explicación, sin esperar una disculpa. Todo sucedió sin mediar palabra.

–Yo sabía que nos pertenecemos el uno al otro. Y para todo lo demás, ya encontraríamos una solución –añade Elena.

–Mejor si no contamos lo que ocurrió después en nuestra cabañita o les sacaremos a todos los colores, ¿verdad cariño?

–Qué faena, precisamente ahora que empezaba esto a ponerse excitante... –se queja Christian. –¡No podéis privarnos de la escena de reconciliación!

–¡Y tanto si podemos! –replica Elena, agregando con una pícara sonrisa: –únicamente os voy a revelar que no salimos de la cabaña hasta el atardecer. Y no estábamos echando la siesta... Tras un refrescante baño en el lago, nos fuimos a la barra del restaurante a tomar una copa. ¿Habéis probado alguna vez una Piña Colada servida en un coco fresco? ¡Está de miedo! Hasta el observar cómo la preparan es divertido. Cogen uno de esos enormes cocos frescos y, con un machete, le cortan de un golpe la parte de arriba. El coco fresco está lleno de un delicioso líquido, que a pesar de ser llamado leche de coco en realidad no es blanco sino transparente, y que sabe de maravilla. A ese líquido celestial le añaden ron blanco y zumo de piña natural. Y luego lo decoran con una orquídea, un trocito de piña y pajitas de colores, de modo que queda como una pequeña obra de arte.

–Después de brindar y darnos un beso con el dulce sabor de la reconciliación y la Piña Colada, puse un regalito junto al coco de Elena. Era la hoja con las tres preguntas y mis respuestas, enrollado y adornado con un lazo rojo. «¿Una carta de amor?», me preguntó en plan romántico. «No, una prueba de amor», fue mi respuesta. Le quitó el lazo cuidadosamente y comenzó a leer. Cuando terminó, me miró fijamente a los ojos y, antes de que pudiera decir algo, la informé de que la semana anterior había recibido una oferta de uno de mis clientes más importantes: un puesto de director ejecutivo. «Lo he rechazado», dije inmediatamente después.

Christian no puede creer lo que acaba de escuchar.

–¡¿De verdad no aceptaste la oferta de ser director ejecutivo de una gran empresa?! Después de tantos años como asesor, a la sombra de tus clientes, formar parte de la junta directiva hubiera sido una oportunidad única para ti. ¿No es el sueño de todo economista? Yo hubiera aceptado de inmediato.

–Y yo con tu edad seguro que también. Pero uno no suele recibir esas ofertas siendo tan joven. Tanto si me crees como si no, el hecho es que no me resultó difícil rechazarlo. Mientras tanto yo tenía otras prioridades y ya había tomado una firme decisión.

–Perdió un buen puesto de trabajo y en su lugar ganó otra cosa: una segunda oportunidad para ser feliz, para volver a sentir alegría de vivir –expresa Elena. –Incluso tenía una idea en mente sobre un negocio muy original. Imagináos, de pronto este colgado me sorprende con la propuesta de mudarnos a Tailandia, comprar un barco de segunda mano con algunos camarotes, y organizar excursiones y safaris de buceo y esnórquel para turistas a las Islas Similan.

–¡Madre mía, qué cambio tan radical! Para hacer eso tendríais que dejar atrás totalmente vuestra vida en Alemania –opina Margit.

–Y precisamente eso hicimos –confirmo.

Christian, Walter y Margit exclaman al unísono «¡¿qué?!», y los pocos clientes que todavía hay en el restaurante se giran hacia nosotros. También hemos llamado la atención de la camarera, quien aprovecha la circunstancia para preguntarnos:

–¿Quieren tomar algo más?

Todos pedimos algo de beber, ya que ninguno de nosotros tiene ganas de marcharse.

–¿Cómo se te ocurrió lo de organizar safaris de buceo? Seguro que no tenías ni idea sobre barcos y fauna marina, ni experiencia como capitán, ¿verdad?

–Claro que no, pero aprendo rápido –contesto riéndome.
–¿Os acordáis de mi respuesta a la tercera pregunta que escribí para Elena? Esperad, voy a leérosla en voz alta. Siempre llevo esa hoja conmigo. Me la devolvió para que esos buenos propósitos me acompañen toda mi vida.

Saco un arrugado y desgastado papel de mi cartera, lo desdoblo y cito:

«*Mi sueño es un nuevo proyecto de vida que me colme. Un proyecto de vida en el cual mi compañera constituya una parte esencial, y en el que los dos nos sintamos realizados. Emprender algo juntos que sea un reto para ambos. Realizar algo que nunca antes hayamos hecho, y que jamás habríamos hecho de no haber despertado. Pensar de un nuevo modo, apren- der, crear, llevar a cabo, disfrutar».*

Doblo la hoja, me la guardo, y continuo con mi relato:

–Se me ocurrió la idea gracias a una experiencia que tuvi- mos durante nuestras últimas vacaciones en Khao Lak. Reservamos en el hotel una excursión en barco a las Islas Similan. Estas nueve paradisíacas y deshabitadas islas se encuentran a unos 70 km de tierra firme y cuentan entre las reservas de buceo y esnórquel más bellos del mundo. Su vegetación tropical y sus peculiares formaciones roco- sas te hacen pensar que estás en las Islas Seychelles. Las playas de las pintorescas calas tienen la arena más fina y blanca que uno pueda soñar. En las cristalinas aguas se ve el fondo del mar y muchísimos exóticos peces de colores; excepto cuando son invadidas por las lanchas rápidas re- pletas de turistas. Cada día, a la misma hora y en el mismo lugar, "descargan" cientos de personas dispuestas a hacer esnórquel. Tuvimos el "placer" de participar en una ex- cursión de ese tipo. Tras una hora y media de ensordece- dor viaje debido al ruidoso motor de la lancha, espachu- rrados por 30 sudorosos turistas apiñados en la estrecha barca, nos repartieron el equipo para hacer esnórquel. Con un silbato dan el "comando" de saltar al agua y hacer esnórquel durante 30 minutos. Aunque cinco minutos serían más que suficientes, ya que todos los peces salen pitando de allí y lo único que se puede ver son las aletas de buceo de los demás turistas.

Elena me echa una mano con la explicación:

–Aquel día ambos pensamos que es una verdadera lástima conocer un lugar tan idílico de ese modo. Nos imaginamos qué bello sería hacer esa excursión en un bonito barco con un par de agradables personas, explorar las nueve islas con suficiente tiempo, practicar el esnórquel lejos de los lugares invadidos por las lanchas rápidas, admirar la puesta de sol desde la cima de alguna colina, observar el fascinante cielo estrellado desde la cubierta del barco, dormir en una pequeña pero cómoda cabina, y despertar con las impresionantes vistas a las islas. En ese momento ninguna empresa ofrecía una excursión similar, y ambos opinábamos que era un hueco del mercado. «Alguien debería llevar a cabo algo así», comentamos totalmente convencidos. Lo que ni en mis sueños pude imaginarme es que sería precisamente Oliver quien algún día realizaría esa idea, pues para ello tendría que cambiar sus elegantes trajes y corbatas por pantalones cortos, camisetas y chanclas...

–Lo cual no me resultó nada difícil.

–¿Y tú Elena, cómo te tomaste su propuesta? –pregunta Walter.

–¡Con entusiasmo! Hablamos del tema durante toda la noche y, llenos de ilusión, al día siguiente viajamos a Khao Lak para empezar a buscar una casita y un barco. Nos quedaban cinco días hasta la fecha del vuelo de vuelta a Múnich, y no paramos ni un momento. Pero juntos y disfrutando. En ese breve espacio de tiempo conocimos más personas de las que jamás habíamos conocido en unas vacaciones: propietarios de barcos, funcionarios, agentes inmobiliarios, touroperadores, emigrantes procedentes de todo el mundo... Fue una vivencia increíble. Todos se tomaron mucho tiempo para echarnos un cable. ¡Qué gente tan generosa y dispuesta a ayudar a los demás! Volvimos a Alemania con la sensación de haber dejado en Tailandia algo valioso: muchas personas que se alegrarían de nuestro regreso.

–Ya, pero, ¿qué hay de vuestros amigos y familiares en Alemania y España? ¿De repente ya no os importaban? Y vuestros países y vuestra vida entera, ¿es que os daba todo igual? Lo siento, pero para mí todo esto suena un poco a huida –afirma Christian bastante escéptico.

Walter le apoya:

–La mayoría de emigrantes se van por necesidad, porque en sus países no les van bien las cosas. No digo que fuera vuestro caso, pero hay quien podría pensarlo, ¿no?

Elena y yo nos miramos con complicidad. Sé en qué está pensando. Y ella sabe en qué pienso yo. Cuántas veces hemos escuchado comentarios como ese desde que nos mudamos a Tailandia... Intento relativizar un poco los prejuicios de mis amigos:

–No creo que todos los emigrantes sean unos fracasados o personas huyendo de algo, como estáis insinuando. Seguro que es el caso de muchos, pero no seré yo quien juzgue a quienes tienen la valentía de dar un vuelco a su penosa vida y salir en busca de un futuro mejor, allá donde crean que pueden encontrarlo... Por otro lado, pienso que no deberíamos meter a todos los emigrantes en el mismo saco. ¿No es posible que se les critique porque la gente juzga y condena lo que no entiende? Es difícil comprender que alguien desee canjear su tierra, su hogar, su trabajo, la seguridad y las personas que conoce por un futuro incierto en un lugar lejano. Y precisamente ahí radica el error, en la palabra "canjear". Nosotros no hemos canjeado nada, al contrario, hemos ganado. Tomemos primero el tema de la tierra y del hogar. Amo Alemania y mi mujer es española hasta la médula, lo cual no nos impide que ambos nos sintamos como en casa en cada uno de los dos países. Y lo mismo nos ocurre en Tailandia. Uno se siente a gusto en cualquier lugar donde encuentra lo que busca. ¿Podéis darme una explicación plausible de por qué uno ha de limitarse a vivir toda su vida en un país cuando el mundo ofrece tantas posibilidades? Si tu tierra no puede ofrecerte lo que estás buscando en un momento dado, entonces lo más sensato es ampliar tu horizonte, ¿no? ¿Cómo íbamos a realizar safaris de buceo en Múnich...?

Elena toma la palabra y expone su punto de vista:

–Y, en cuanto a la familia y los amigos, tuvimos una gran experiencia: nuestra relación con ellos es más estrecha e intensa que nunca desde que no vivimos en Europa. Antes no conseguíamos ver a algunos buenos amigos más que dos o tres veces al año. Menos mal que existía la tradicional cita anual para tomarse un *Glühwein*[5] en el Mercado de Navidad, de vez en cuando una fiesta de cumpleaños a la que iban todos los viejos amigos, o una agradable cena cuando por fin éramos capaces de coordinar nuestras llenísimas agendas. No era posible tener mucho más contacto, ya que todos somos personas tan sumamente ocupadísimas. Curiosamente, la calidad de nuestras antiguas amistades ha mejorado desde que somos un "bien escaso". Gracias a las nuevas tecnologías podemos mantenernos en contacto regularmente con nuestros amigos, de modo que todos están informados de cuando nos encontramos de visita en España o en Alemania. Y ahora no se aplazan las citas como antes, sino que aprovechamos el tiempo y quedamos con las personas que nos importan. Además, como en Tailandia tenemos camas para nuestros amigos y familiares, tanto en el barco como en casa, muchos vienen con frecuencia a visitarnos. Y cuando pasas varios días bajo el mismo techo, las relaciones cobran más intensidad que si solo quedas de uvas a peras en un restaurante para cenar. Sin duda, hoy día nos sentimos mucho más cerca de nuestros amigos que antes.

Parece que nuestros argumentos han sido convincentes, ya que todos asienten.

---

[5] Vino caliente (típico en los mercados navideños en Alemania).

–La verdad es que, con lo satisfechos que se os ve, he de reconocer que habéis tomado la decisión acertada. Creo que vosotros habéis cumplido en la vida –dice Margit.

–¡¿Satisfechos?! ¡¿Que hemos cumplido?! ¡Oh no, jamás! – exclamo horrorizado. ¡*Felices*, querida Margit, no *satisfechos*! Si algún día estamos satisfechos, si "cumplimos", ¡que Dios no lo quiera!, entonces no emprenderemos nada más. ¿Sabéis cómo se define la palabra satisfacción en el DUDEN[6]? «*A) Estar equilibrado interiormente y no desear nada más de lo que se tiene. B) Estar de acuerdo con las circunstancias dadas y no tener nada que objetar*». Quizás deseemos algo así cuando seamos "mayores". Pero, hasta la fecha de hoy, ambos tenemos todavía muchos retos y ganas de seguir caminando.

---

[6] Diccionario de la Lengua Alemana.

Capítulo 15: Futuro

La despedida la mañana siguiente, nuestro último día de vacaciones en Oberstdorf, no fue fácil para ninguno de nosotros.

Lo mucho que unas personas totalmente desconocidas habíamos intimado en tan escaso tiempo nos resultaba surrealista y completamente natural a la vez. Cada uno de nosotros se había abierto a los demás a su modo y según sus necesidades. «¿Cómo hemos podido construir una relación tan profunda y con tanta confianza tan rápidamente?» es la pregunta que me ronda por la cabeza al encontrarnos para despedirnos.

La noche anterior, cuando terminé de contar nuestra historia y la camarera prácticamente nos invitó a irnos a la cama, queríamos despedirnos en la puerta del restaurante. Walter lo impidió. Dijo que quería mostrarnos algo antes de que emprendiéramos el viaje de regreso a casa. Como cada uno de nosotros en realidad estaba deseando aplazar el momento de la despedida, todos nos mostramos de acuerdo. El lugar de encuentro que Walter propuso era una dirección desconocida para el resto del grupo, hacia las afueras del pueblo, pero no muy lejos de nuestra pensión. No obstante, Elena y yo fuimos en coche, ya que justo después queríamos salir hacia Múnich.

Desde el vehículo divisamos un pequeño grupo de personas reunidas frente a una bonita casa de campo. Preciosos geranios adornan los balcones de la casa de madera. El jardín está decorado con muy buen gusto. Junto a un pequeño estanque hay un par de mesas rodeadas de cómodos sillones, sombrillas y hamacas. Apoyado en la pared de la casa, junto a la puerta de entrada, hay un banco de madera. En él está sentado Walter con las piernas y los brazos estirados y una sonrisa de oreja a oreja. Sara está sentada junto a él. Margit, Christian y otro chico joven están de pie junto a ellos.

–¡Buenos días a todos! –les saludo.

–¡Buenos días! –responden al unísono.

–Sara, ¡qué bien que ya te han dado el alta en el hospital! ¿Cómo te encuentras?

–Mucho mejor, Oliver, muchas gracias. Todavía estoy algo débil y me duelen las costillas con cada movimiento. Bajo la ropa parezco una momia, de tanto vendaje que llevo. Pero, afortunadamente, ya se me ha ido el dolor de cabeza que he tenido por la conmoción cerebral.

Sara se queda un instante mirando hacia el horizonte con expresión triste. Su mirada vacía habla de pérdida y duelo. Instintivamente, coloca una mano sobre su vientre. Intuyo lo que piensa y no pronuncia. Lucha contra sentimientos nocivos que la torturan. Al fin, consigue reanimarse, mira a mi mujer, le extiende la mano y cambia hábilmente de tema:

–Tú tienes que ser Elena, ¿verdad? Christian me ha contado esta mañana vuestras profundas conversaciones y tu sorprendente llegada. ¡Qué lástima que no pude estar con vosotros!

Elena le coge la mano con ambas manos y se la aprieta afectuosamente, mientras le dice:

–Me alegro de conocerte, Sara. Y de que ya te encuentres mejor. Pero sé sensata y cuídate una temporadita. Las heridas que no se ven se curan despacio.

Sara asiente con la cabeza, y se percibe una espontánea complicidad entre ambas mujeres.

Me doy cuenta de que el chico que permanece junto a Sara, está algo nervioso.

–Y tú tienes que ser el nuevo novio de Sara, ¿no? –pregunto con el tono más natural que me es posible.

Él mira a Sara algo apurado. Christian nos sorprende a todos al echarle un cable a su sucesor:

–Sí, es Alex, el hombre que me ha prometido hacer mucho más feliz a Sara de lo que yo la hice. Esta mañana temprano hemos tenido los tres una importante conversación. Sara y yo hemos confundido desde hace mucho tiempo el amor con la amistad. Nos negábamos a reconocerlo, pero sus sentimientos hacia Alex nos han abierto los ojos. Ahora nos alegramos de habernos dado cuenta a tiempo, y ambos miramos hacia nuestro nuevo futuro llenos de esperanza. Una cosa está muy clara: siempre conservaremos nuestra amistad.

–Esa es una actitud muy razonable y adulta –opina Margit. –Estoy intrigada sobre si mi marido también reaccionará así de bien cuando le explique la verdad de nuestra fracasada relación.

–Te deseamos toda la suerte del mundo, Margit –la anima Sara.

Mientras tanto, Elena y yo le hemos dado la mano a Alex para presentarnos.

–Tenía muchas ganas de conocerte, Oliver –dice él como saludo. –Sara me ha contado lo de vuestro singular encuentro allí arriba en la cima. Me dijo que un tipo que parecía la felicidad personificada se puso a gritar cosas raras hacia el valle y fundó el Club de la Gente Feliz. Te había imaginado totalmente distinto...

–¿Cómo me habías imaginado? –le pregunto curioso.

–Pues, no sé, simplemente distinto. Pareces tan normal... Quiero decir, normal en el buen sentido de la palabra. Es decir, que no tienes pinta de chiflado o algo así. Pensaba que tendrías el aspecto de un hippie trasnochado, con el pelo largo y esas cosas, ya sabes...

Alex tiene algo simpático. Me gusta su modo de hablar, torpe y titubeante, pero sincero como un niño pequeño. Se le nota que está acostumbrado a meter la pata, lo cual le produce un poco de inseguridad.

–Pero al decir hippie trasnochado no quiero decir que seas viejo, de hecho, pareces bastante joven, para tu edad. Quiero decir, no sé qué edad tienes, pero seguro que muy joven no eres... Oh, Dios mío. No, en realidad no quería decir eso. No te lo tomas a mal, ¿verdad?

Todos están riéndose, y yo el que más.

–Qué va, Alex, claro que no me lo tomo a mal. Tienes razón, no soy un jovenzuelo. Y sí, soy muy normal, en el buen sentido de la palabra. Sin embargo, me permito de vez en cuando una inofensiva extravagancia, como la de hace unos días en la cumbre de la montaña.

–Yo me alegro de que seas un poco excéntrico, de lo contrario no nos habríamos conocido –me interrumpe Walter. –Tengo que confesar que pocos encuentros han cambiado mi vida tan rápida y drásticamente como el nuestro.

–Espero que no solo cambiado, sino también mejorado –manifiesta Margit al respecto.

–Bueno, la verdad es que mi vida en estos momentos solo puede mejorar. Las conversaciones con Oliver –mejor dicho, con todos vosotros– me han dado el impulso necesario para despertar por fin de la letargia en la que estaba sumido, y actuar.

Walter se levanta del banco, da un par de pasos, extiende el brazo para señalar con la mano la casa y el jardín que la rodea, mientras que gira sobre sí mismo y anuncia teatralmente:

–Aquí, detras de nosotros, se encuentra mi futuro. Nuestro futuro, Margit, si tú lo deseas. Voy a convertir esta casa en una pensión muy especial, acogedora y apreciada por un montón de fieles clientes –un "lugar preferido", como lo llamarían Elena y Oliver–, donde personas como nosotros ampliarán el Club de la Gente Feliz. Tarde, pero todavía a tiempo, me he dado cuenta de lo importante que es para todos nosotros la comunicación y el intercambio de experiencias con otros seres humanos. Vosotros me habéis ayudado, y yo quisiera ayudar a otras personas. Me tomaré tiempo para escucharles, siempre que lo necesiten. Pronto seré yo quien esté sentado cada mañana aquí en este banco de madera frente a la casa, con la feliz expresión en el rostro que ayer todavía envidiaba al verla en otros.

–La expresión de felicidad ya la tienes –anota Elena. –No me cabe la menor duda de que has tomado la decisión correcta para ti. Tan solo de imaginar tus planes de futuro ya se te ve radiante.

–Y estaría más radiante todavía si Margit se mudara pronto aquí conmigo y me acompañara en esta aventura. Estoy convencido de que seremos un gran equipo.

Todos dirigimos nuestras expectantes miradas hacia Margit.

–Walter, por favor, no seas tan impaciente. Nada me haría más feliz que realizar este proyecto contigo. Si bien, vuelvo a repetírtelo: primero tengo que reordenar mi vida. Lo cual quiere decir que en primer lugar he de pasar por el trance de la separación, y luego ya veremos...

–Lo sé, lo sé... Bueno, ¿queréis ver la casa? –pregunta Walter al grupo.

–¡Pues claro!

–¡Por supuesto!

–¡Ya estamos tardando!

–Vale, pero antes todos tenéis que prometerme una cosa –nos pide Walter.

–¿De qué se trata?

–Os espero a todos aquí dentro de exactamente un año. Ya podéis marcaros el 15 de agosto de 2004 en vuestras agendas. Estáis invitados a pasar unos días en mi pensión en Oberstdorf. Y no acepto negativas.

Seguidamente se dirige a Elena y a mí.

–Ayer me comentásteis que cada año, al llegar la época de lluvias a Tailandia, es decir, cuando aquí es verano, volvéis a Alemania y a España a ver a vuestras familias y amigos. Seguro que os podéis organizar para venir aquí en agosto, ¿verdad?

–¡Sí claro, vendremos! –acepto encantado, tras haberme confirmado Elena con una mirada que está de acuerdo.

–¡Nosotros también! –exclama Sara. –Pero el año que viene me gustaría disfrutar de unas vacaciones más agradables, sin accidentes y esas cosas... –añade riéndose. Luego mira a su exnovio y le pregunta con cierta sorna pero sin malicia: –Y tú, Christian, ¿vas a dar a esta cita prioridad en tu abarrotada agenda?

–No voy a perderme esta importante cita. Prometido.

Todos parecemos muy ilusionados con este encuentro, únicamente Margit tiene un semblante un tanto afligido. No soy el único que se percata; Walter también.

–¿Qué te ocurre, bella dama? ¿No te alegras de que nuestros amigos vengan a visitarnos el año que viene?

–Desde que caí enferma no me atrevo a hacer planes a tan largo plazo. Un año puede ser mucho tiempo. Quién sabe dónde estaré en 12 meses...

–Margit, pensaba que habíamos hecho un trato: que a partir de ahora ibas a pensar siempre en positivo para superar el cáncer, ¿no?

–Sí, sí. La teoría me la sé de memoria. Pero ya véis lo difícil que es. El miedo está tan incrustado en mis entrañas... Bueno, no os preocupéis, ¡lo voy a conseguir! Y ahora con más motivo, pues no me puedo imaginar nada mejor que ser vuestra anfitriona aquí, junto a Walter, dentro de un año.

–¡Eso es, así me gusta! –exclama Walter lleno de optimis-
mo.

Coge a Margit del brazo, abre la robusta puerta de madera, y articula radiante:

–¡Bienvenidos al futuro!

SEGUNDA PARTE

Inciso

Tsunami el día 26.12.2004 en el Sureste Asiático

El 26.12.2004, entre las 9:00 h. y las 10:30 h., las gigantescas olas de un tsunami alcanzaron gran parte de las costas del Océano Índico. El epicentro de este fuerte maremoto se encontraba en la costa noroeste de Sumatra. Comenzó a las 7:58 h. (hora local). Fuerza: 9,1 de la escala de Richter. En pocos minutos, olas de hasta 10 metros de altura llegaron a la costa de Sumatra. Seguidamente alcanzaron las costas de Sri Lanka, las Islas Maldivas, la India y la costa del Continente Africano. La costa oeste de Tailandia fue azotada por olas de 3 hasta 5 metros de altura poco después de las 9:00 h. En primer lugar, la provincia de Phang Nga, en la cual se encuentra la región vacacional de Khao Lak.

A pesar de que muchos observatorios habían registrado el maremoto y puesto en alerta sobre las olas del tsunami a las autoridades tailandesas en Bangkok, dichas advertencias tan solo fueron tramitadas de un modo vacilante e irresoluto, al no poder imaginarse la magnitud del problema. Los nativos y los turistas no recibieron aviso alguno.

230.000 seres humanos perdieron la vida debido al maremoto y sus consecuencias. Más de 110.000 personas resultaron heridas. 1,7 millones de habitantes de las costas perdieron su hogar.

Capítulo 16: Sensaciones

Abril de 2004

Estoy sentado en la borda de mi barco frente a la costa de Khao Lak y disfruto de las vistas. Hacia el horizonte. Genial.

Me siento bien. Esta sensación ahora me acompaña cada día.

Miro el océano, respiro profunda y tranquilamente, sonrío y pienso: «todavía no he llegado».

Capítulo 17: Plenitud

Hace un rato que he despedido en el puerto a mis huéspedes de la excursión de buceo a las Islas Similan, y he recibido a bordo a un pasajero muy especial. En realidad, había quedado con Elena en que me recogiera en el puerto, tras mi viaje de tres días, para irnos a casa. Sin embargo, el cielo promete una puesta de sol tan bella, que hemos decidido volver a salir mar adentro para disfrutar juntos de un romántico atardecer en el barco.

La temporada alta está a punto de finalizar, como todos los años, en abril. Las primeras lluvias están comenzado a llegar y los turistas a disminuir. Los últimos meses han sido muy intensos. Por ello apreciamos tanto estos momentos de calma, los dos solos.

La idea de ofrecer exclusivas excursiones de buceo, no en una lancha rápida con mil turistas más, sino en un viejo pero bonito barco, e incluyendo la pernoctación en un camarote, ha resultado ser todo un éxito. Nuestro barco ha estado completo durante toda la estación alta. Ambos estamos agotados pero felices.

No fue difícil repartirnos las tareas en nuestro nuevo proyecto. Elena asumió con gusto el marketing y todo el trabajo de oficina, y consiguió en poco tiempo que nuestra modesta empresa fuera conocida. Para mí estaba muy claro: quería tener el contacto directo con los huéspedes y acompañarles personalmente a las excursiones. Para hacer los viajes lo más atractivos y especiales posible, al principio me tomé un tiempo para explorar las islas, los lugares más hermosos, los caminos para hacer senderismo, y los cotos de buceo y esnórquel. Me convertí en un buen buceador para poder explicar a mis huéspedes las maravillas del mundo acuático. En el barco contábamos con la ayuda de un capitán tailandés, una magnífica cocinera y un "chico para todo", que mantenía en orden el barco.

Para mí es esencial que mis clientes se sientan totalmente a gusto durante los tres días del viaje. ¿Qué es necesario para lograrlo? Agradables conversaciones en un pequeño grupo de pasajeros, vivencias en común, una naturaleza tan intacta y bella que quita el aliento, puestas de sol de postal, momentos de paz y calma bajo el cielo estrellado en la borda del barco y, como guinda, las atenciones de personas que no tienen otra intención que mimar a sus huéspedes.

A eso de mimar se dedica sobre todo nuestra cocinera. El día comienza con un buen y completo desayuno. Pero, después de un par de horas en remojo, haciendo esnórquel o buceando, nos gusta sorprender a nuestros huéspedes con un tentempié: platos de frutas tropicales, plátanos fritos con miel o con salsa de chocolate... A mediodía y por la noche hay especialidades tailandesas, comida casera de la que no se encuentra en los hoteles. De hecho, nuestra "alma de la cocina" no es una cocinera profesional, sino una auténtica ama de casa tailandesa. Las numerosas y variadas exquisiteces que saca de la diminuta cocina del barco siempre logran fascinar a nuestros clientes. Y, por supuesto, para que el día acabe bien, nunca falta la cerveza tailandesa bien fría.

Sé que mis huéspedes disfrutan de la estancia a bordo. Continuamente me dicen lo mucho que les gusta despertarse por la mañana y saltar a las cristalinas y cálidas aguas del mar; compartir con los demás durante el desayuno la alegría de tener por delante un día relajante y lleno de sorpresas; como niños, relatarse los unos a los otros con entusiasmo las vivencias que acaban de experimentar bajo el agua (¡me ha rodeado un banco de calamares enormes! ¡He visto un montón de "Nemos"! ¿Habéis visto también la raya gigante?); el increible placer de pisar la arena blanca, y suave como la harina, de las playas; esa indescriptible sensación de libertad... A menudo me confiesan cuánto me envidian por poder tener todo eso a diario, y que mi aura de felicidad resulta contagiosa.

No obstante, tan pronto como me giro, de vez en cuando escucho como alguno murmura que no se cambiaría por mí, y que mi trabajo, como todos los demás, acaba convirtiéndose en algo rutinario al hacerlo todos los días. Piensan, o quieren pensar, que al acostumbrarnos a ver a diario la belleza que nos rodea, dejamos de apreciarla y valorarla. Yo les dejo en su error, ya que probablemente esto les ayude a llevar mejor la vuelta a su vida cotidiana tras las vacaciones.

¿Qué ganaría yo si les explico que jamás cambiaría mi viejo barco por una elegante oficina, ni mi camiseta por una camisa impecablemente planchada y una corbata, ni mis agradecidos huéspedes por los siempre estresados hombres y mujeres de negocios, ni la fresca brisa marina por el artificial aire acondicionado o el viciado aire producto de las calefacciones? ¿Qué ganaría yo si les revelo que nunca me harto de mirar la belleza que me rodea? Y si algún día eso llegara a suceder, entonces vendo mi barco y comienzo un nuevo proyecto. He aprendido que es posible. Pero, en estos momentos no me lo puedo ni imaginar. Cuando miro a Elena, con su pareo de colores, su melena revuelta por el viento, su encantadora sonrisa y dos copas de cava en las manos, acercándose a mí en la borda, entonces sé a ciencia cierta que no podríamos estar mejor. Si tuviera que describir este estado con una palabra, diría que es más que pura felicidad, más que tan solo satisfacción. Es plenitud.

Ella se sienta a mi lado, me da una copa y brinda conmigo:

–¡Por el mejor capitán del mundo!

–¡Por la mujer que ha conseguido que cambie mi vida!

–¿Todavía no te has arrepentido?

–¡Nunca! Pero me hace ilusión nuestro próximo viaje a España y luego a Alemania. ¡Es increíble lo rápido que pasa el invierno aquí en Tailandia! Imagínate, en unas cuatro semanas ya estaremos comiendo paella con tu familia.

–¡Ay sí! Ir de tapas, al teatro, a conciertos, al cine, de compras, a pasear por la ciudad,..., sencillamente disfrutar de mi antigua vida cotidiana en España. Parece mentira cuánto puede llegar uno a disfrutar las pequeñeces si ya no las tienes constantemente.

–¡Me lo dices o me lo cuentas! Sueño con un típico almuerzo bávaro con salchichas, un crujiente *pretzel*[7] y una cerveza de trigo. Sin embargo, lo que más me apetece de este viaje, es volver a ver a nuestros amigos.

–¡Y el reencuentro con el Club de la Gente Feliz! ¿Crees que de verdad vendrán todos a la cita en la pensión de Walter en Oberstdorf?

–Creo que sí. Aunque, quién sabe... Quizás al final alguno se echa atrás porque tiene otro compromiso. U otras prioridades. Como se suele decir: «largas ausencias causan olvidos». Puede que este encuentro ya no sea tan importante para algunos de ellos. Pero estaría bien si van todos.

–Estoy impaciente por ver sus caras cuando les comuniquemos nuestras dos sorpresas.

–¡Les va a encantar! A uno no le hacen un regalo así todos los días. Una semana de vacaciones todos juntos aquí en nuestra casa en Khao Lak. Unas Navidades muy distintas, en un barco frente a estas idílicas islas. No lo rechazarán, ¿no?

–Un poco atrevido sí que es el haber reservado ya los vuelos. Después de todo, la mayoría de las personas quieren celebrar la Navidad de un modo tradicional, en familia.

---

[7] Rosquilla salada (de pan), típica en Alemania.

207

Me pregunto si serán capaces de romper con esa rutina una vez en su vida... Tengo mis dudas. Por eso he comprado billetes cancelables. Pero no se lo revelaremos al principio, ¿vale?

–De acuerdo. Y espero que no les moleste que les contemos la otra sorpresa ahora, y no antes. En realidad podríamos habérselo contado más pronto. Al fin y al cabo, estamos en contacto por email.

–Ya, pero entonces no habría sido una sorpresa. Seguro que ellos tampoco nos cuentan todo lo que hacen.

Mientras tanto, nuestras copas están vacías y el cielo lleno de cálidos colores. Al hundirse en el mar el enorme astro amarillo, una hermosa gama cromática maquilla el cielo: un pálido azul celeste, un rosa que roza la cursilería, un vital naranja, un intenso rojo fuego. Todo un espectáculo. Y todavía no ha terminado. De pronto, la noche entra en escena. Aparecen las primeras estrellas en la nítida bóveda celeste. La luna llena reina en el firmamento. Su blanca luz se refleja en el mar y llena la noche de destellos. La agradable temperatura invita a dormir al aire libre. Precisamente eso es lo que hacemos. Y alguna cosa más...

Capítulo 18: Felicidad

Uno se pasa meses esperando algo con impaciencia y, de repente, ya ha pasado. Es increíble lo rápido que se han esfumado las cuatro semanas en España, en casa de los padres de Elena. Las despedidas han sido –como siempre– un drama. Sin embargo, sabía que Elena volvería a resplandecer tan pronto como sobrevoláramos Alemania y viera los verdes prados y bosques desde el avión.

A pesar de los muchos años en el extranjero, España siempre ha sido, es y será su hogar. Lo recalca cada vez que surge la oportunidad, fiel a su principio "nunca tienes que olvidar tus propias raíces". No obstante, le ha cogido tanto cariño a Múnich, que ha acabado por encontrar aquí su segundo hogar. Lo cual también le cuenta a todo el que quiera escucharlo. «Y en Tailandia, ¿también te sientes allí como en tu hogar?», le consultan muchos. «¡Pues claro que no! Allí me siento como en unas interminables vacaciones en el paraíso», contesta ella.

En mi caso es distinto. Yo nunca he tenido raíces tan arraigadas como ella. En el lugar donde me siento a gusto en este preciso momento, ahí está mi hogar. Hoy –y durante las próximas cuatro semanas– Alemania será, con mucho gusto, de nuevo mi hogar. Nuestro piso en Múnich está alquilado desde que vivimos en Khao Lak. Y aquí no tenemos familiares con quienes queramos vivir (bajo el mismo techo que mi agotadora madre no sobrevivo más de dos días). Así que, hemos alquilado un pequeño y acogedor apartamento en el centro de Múnich. De todos modos, no vamos a pasar mucho tiempo en ese piso, ya que hemos planeado algunas escapadas. Entre otras, el anhelado fin de semana en Oberstdorf con el Club de la Gente Feliz.

Conducimos por la preciosa región de Allgäu en dirección a Oberstdorf. Ambos disfrutamos en silencio del magnífico panorama. Estoy ansioso por reencontrarles. ¿Realmente vendrán todos, tal como han anunciado? ¿Nos daremos un abrazo tan afectuoso como el que nos dimos al despedirnos, y sentiremos la misma complicidad que antaño? ¿Seríamos hoy de nuevo capaces de llenar el valle de virtuales manzanas, plátanos, chocolate y verdadera felicidad, desde la cima de un monte? ¿O nos vamos a quedar unos frente a otros como extraños, sin tan siquiera saber qué hacemos aquí exactamente?

¿Qué hizo posible el año pasado que personas totalmente desconocidas se abrieran con tanta celeridad y revelaran sus sentimientos sin tapujos? En mi caso fue sencillamente la alegría de compartir mi felicidad con otras personas. Daba igual con quién. El sentimiento era demasiado fuerte, poderoso y maravilloso como para guardármelo para mí solo. Las palabras brotaron de mis labios como una cascada. Walter, Margit, Christian y Sara estaban allí y pudieron repostar nueva energía y refrescar sus corazones bajo esa vigorosa catarata. Mi tan buscada y por fin encontrada felicidad nos unió. Su anhelo de gozar de la misma suerte hizo el resto.

Hoy, un año después, todos los miembros del Club de la Gente Feliz tienen una realidad muy distinta. Me pregunto: ¿tendrá todavía sentido este grupo? ¿no es posible que a alguno de pronto todo esto del Club de la Gente Feliz le parezca una bobada porque sus buenos propósitos al final se desvanecieron con el paso del tiempo y se quedaron en nada?

Ese pensamiento me incita a pasar revista mentalmente a los planes que tenían todos ellos:

¿Habrá conseguido Walter tener de nuevo ganas de vivir gracias a su pensión en Oberstdorf? ¿O estará sentado malhumorado, solitario y aburrido en su banco de madera frente a la casa, gruñendo a los animados y alegres senderistas que al pasar por allí le dicen: «¡qué bien vive usted!»?

¿Habrá conseguido Margit superar su enfermedad y encontrarle a su vida un nuevo sentido? ¿O está atada todavía a su antigua vida, víctima de una montaña rusa de sentimientos que no le permite alcanzar el equilibrio emocional que tanto anhelaba?

Habrá conseguido ya Christian, a pesar de su juventud, cierta armonía entre su vida profesional y privada? ¿O va a arriesgarse a dejar que la cosa llegue tan lejos como en mi caso para darse cuenta de que estaba persiguiendo las prioridades erróneas?

¿Habrá merecido la pena el valor de Sara de hacer borrón y cuenta nueva y empezar otra vida con su nueva pareja?

¿O se habrá arrepentido de su decisión porque lo nuevo no le hace más feliz que lo que tenía?

Sobre todo no puedo parar de darle vueltas a una frase del último correo electrónico de Walter. O, mejor dicho, no puedo evitar preocuparme por esa frase. Nos escribió que tenía que contarnos algo relacionado con Margit. Pero no por email, sino personalmente. Podrían ser mil cosas, si bien, solo puedo pensar en una: su enfermedad, el maldito cáncer. Ojalá su estado no haya empeorado. ¡Huy!, acabo de pillarme in fraganti siendo infiel a mi propia filosofía de no preocuparme por cosas que todavía no han ocurrido.

Elena me salva de mi ensimismamiento:

–¡Mira cariño! ¿Has visto las vacas?

–Bienvenida a Allgäu, cielo. Pronto podrás beber la deliciosa leche fresca que tanto te gusta en los refugios de los prados alpinos.

–¡Sííí! Y comer el pastel de arándanos en esa cabaña... No recuerdo el nombre. ¿Cómo se llamaba? Da igual, ya sabes, aquella casita rústica. ¡Qué rico estaba!

–Eso no lo tienes en Tailandia. Así que, aprovecha los días que vamos a pasar aquí y disfruta de todo lo que te gusta. Media hora más de viaje y hemos llegado. Nos vamos directamente a desayunar a la cafetería de siempre, ¿de acuerdo?

–¡Claro! Ya sé qué voy a pedir.

Miro a Elena de reojo y le sonrío.

–Eres como un soplo de brisa fresca. ¿Te he dicho hoy ya que te quiero?

Poco antes de las once llegamos, tal como habíamos quedado, a casa de Walter. Reconocemos la casa de inmediato, a pesar de que está un poco cambiada, más bonita todavía que antes. Los geranios en los balcones florecen en todo su esplendor. En el jardín hay nuevos bancos de madera y hamacas. El césped, de un intenso verde, parece suave y blando como una alfombra, y me despierta las ganas de quitarme los zapatos y pasear descalzo por el jardín. Junto al estanque hay un bonito rincón que no recuerdo haber visto allí antes. Seguro que lo ha hecho Walter. Bajo una marquesina hay una gran mesa redonda rodeada de un banco de piedra, con coloridos cojines. Justo al lado, una barbacoa de piedra con su larga chimenea. Walter ha pensado en todo: puedes sentarte ahí hasta en días lluviosos. Al acercarnos a la casa veo que los marcos y postigos de las ventanas están recién pintados. Todo parece muy cuidado y acogedor.

En ese preciso momento se abre la puerta y frente a nosotros aparece un sonriente y jovial Walter. Y así queda contestada mi primera pregunta: sí, ha conseguido tener de nuevo ganas de vivir. El único que está tumbado con gesto malhumorado en el banco de madera delante de la casa es un gato que ni siquiera se molesta en mirarnos, por no hablar de darnos la bienvenida. Lo cual sí hace Walter, muy efusivamente. Nos abraza a ambos con mucho cariño y me alegro de que mis temores de que después de tanto tiempo pudiéramos sentirnos como extraños, no se hayan confirmado.

Los azules ojos de Walter resplandecen con nuevo brillo. ¡Qué cambio desde nuestro primer encuentro en la cima del monte! El radiante hombre de pelo blanco, con un informal polo y vaqueros desgastados, que anda lleno de energía hacia el interior de la casa mientras exclama «¡han llegado!», es la clara prueba de que uno puede envejecer un año y rejuvenecer diez al mismo tiempo.

Nos conduce hasta un salón con unas magníficas vistas al jardín y las montañas al fondo. Al entrar en esa habitación, amueblada con las típicas mesas y sillas de madera de encina, así como los tradicionales bancos rinconeros tapizados, uno se siente inmediatamente como en unas vacaciones de senderismo. Los manteles de color naranja, los pequeños floreros con flores silvestres en cada mesa, y las fotos y cuadros con motivos alpinos dotan al conjunto de un refrescante, alegre y colorido matiz.

En un banco rinconero junto a un gran ventanal están sentados Margit, Christian, Sara y Alex. En el centro de la mesa tienen una banderita con pie. En ella pone: "El Club de la Gente Feliz". Los cuatro se levantan de golpe al vernos entrar y nos saludan con tanto afecto como lo ha hecho Walter hace unos minutos, lo cual me hace sentir realmente aliviado y un poco idiota, después de los absurdos pensamientos que se me habían pasado por la cabeza durante el viaje. Parece que todos nos alegramos sinceramente de volver a vernos.

Tan pronto como estamos sentados, se acerca una joven y atractiva mujer con una bandeja llena de humeantes tazas de café.

–Ella es nuestra querida Lisa. Todos los huéspedes la adoran porque ya de buena mañana, cuando les sirve el desayuno, está de buen humor –nos la presenta Walter.

–Y porque además les hago la mejor tarta de manzana del mundo. Y ahora mismito voy a traeros una para daros la bienvenida –dice con desparpajo, y desaparece hacia la cocina.

–¡Qué simpática! –exclama Elena.

–Sí. Nos ha ayudado mucho desde el principio. Y nosotros la ayudamos a ella, en todo lo que está en nuestra mano. Lisa es madre soltera. Tiene una encantadora hija de seis años. Su familia vive en Croacia, su país, así que, nos hemos convertido en su familia adoptiva en Alemania. Viven aquí con nosotros y nos llenan la casa de vida –nos explica Walter.

–Aquí en nuestra casa, Lisa no solo ha encontrado trabajo, sino también un hogar –enfatiza Margit, mientras coge la mano de Walter y le dedica una satisfecha sonrisa.

La prometida tarta de manzana no se hace esperar demasiado. Lisa coloca su obra de arte en el centro de la mesa, nos guiña un ojo y sale canturreando de la habitación.

Me quedo mirando a Walter y Margit, y les pregunto sin rodeos:

–Entonces, Walter, ¿qué significa ese misterioso correo que nos enviaste hace poco? Querías contarnos personalmente algo relacionado con Margit... Se me ha pasado de todo por la cabeza: que no se encuentra bien, que no logró dejar a su marido, que se lo pensó mejor y al final no quiso mudarse aquí contigo... Pero, si os veo así cogiditos de la mano y sonrientes, solo puede ser una buena noticia, ¿verdad?

–Oliver, ¡no te reconozco! Solo se te han ocurrido pensamientos negativos. Y, en realidad, se trata de una estupenda noticia –replica Walter.

Elena me acaricia la cabeza y habla por mí:

–Es que Oliver también es un ser humano...

–¡Pues claro! –me defiende Margit. –Walter, se lo escribiste de un modo tan misterioso, que la verdad es que cualquiera se hubiera imaginado de todo. Y, después de lo que he pasado con mi enfermedad en los últimos años, puedo comprender las preocupaciones de Oliver. Sin embargo, amigos míos, me alegro de comunicaros que, según los médicos, por fin lo he superado. ¡Le he ganado la batalla al cáncer! Y Walter es la persona que más me ha ayudado a conseguirlo. A mi edad, me da un poquito de vergüenza, pero quiero revelaros algo: nos hemos enamorado como dos adolescentes.

Walter la interrumpe y anuncia:

–¡¡Y vamos a casarnos!!

Esa noticia provoca aplausos, besos, abrazos y felicitaciones. Parece que Lisa estaba esperando esa señal para traer una botella de champán. El corcho sale disparado con su peculiar sonido prometedor de burbujeante alegría, y todos brindamos por la felicidad de Margit y Walter. Y con ello queda contestada también mi segunda pregunta sobre si Margit ha logrado superar su enfermedad y encontrar un nuevo sentido a su vida.

Tras serenarnos un poco y volver a sentarnos, nuestros anfitriones nos relatan algunos detalles de su primer año en Oberstdorf: la compra de la casa, el divorcio de Margit, la mudanza, los primeros pasos para abrir la pensión, las quejas de los insatisfechos huéspedes ante su falta de experiencia en los primeros días, así como las alabanzas de sus satisfechos clientes cuando comenzaron a hacerlo algo mejor y los *croissants* del desayuno ya no estaban churrascados.

–No podéis imaginaros –nos cuenta Margit– lo bonito que es cuando unos agradables huéspedes vienen por segunda vez y nos dicen que han vuelto con mucho gusto porque se sienten de maravilla en nuestra pensión. Y yo me siento igual de a gusto que ellos. Hoy día podría contagiaros a todos con mi alegría y gritar en la cima: «¡¡tengo una nueva vida y soy feliz!!» Oliver, ¿recuerdas cómo nos contagiaste allí arriba hace exactamente un año con tu ataque de felicidad? Ahora puedo entender perfectamente cómo te sentías. Hoy sé que esa sensación no solo está reservada para algunos pocos afortunados, sino que todos nosotros podemos alcanzarla. Tan solo hay que desearlo de verdad.

–¡Y actuar, sin miedo! –puntualiza Walter.

Christian toma la palabra:

–Lo cual, evidentemente, ambos habéis hecho a la perfección.

–Por cierto, ¿cómo te van a ti las cosas, Christian? –le pregunto.

–Yo también he tomado una decisión: me miré en el espejo y me cuestioné qué quiero realmente. Es importante ser fiel consigo mismo. Y yo sé exactamente quién soy, y qué me hace feliz en este momento de mi vida. Soy joven, ambicioso y estoy rebosante de energía. Me siento realizado siendo empresario. De modo que, recientemente, me he hecho cargo de la empresa de mis padres, para que ellos por fin puedan tener tiempo para sí mismos y descansar, que ya se lo han ganado. De momento no necesito ni mujer, ni hijos, ni ningún tipo de cadenas que me desvíen de mis planes. No obstante, permaneceré despierto y atento para percibir cuando ha de cambiar esto. Y entonces, actuaré en consecuencia y adaptaré mis planes a mis nuevas metas en la vida. No he olvidado el consejo que me dio Oliver el verano pasado: uno tiene que reconocer cuando es suficiente.

–¡Ay, mi querido Christian, cuánto me alegro de que nos hayamos separado! –suspira Sara aliviada. –Me gustas mucho más como buen amigo que como novio. Tu vida según un plan previsto no hubiera sido nada para mí. Gracias a Alex he descubierto mi "verdadero yo". Disfrutamos de la vida, según viene. La vida nunca nos decepciona, ya que nuestras expectativas no son en absoluto inalcanzables. No necesitamos mucho para ser felices. Plantamos juntos unas flores en nuestro pequeño jardín, y somos felices al hacerlo. Nos sentamos juntos cómodamente con una copa de vino en la terraza, observamos las bonitas flores, y somos felices. Hacemos una excursión el domingo a algún lago con nuestra cesta de picnic repleta de ensalada de patata casera, hamburguesas y cerveza fresquita, y somos felices. No necesitamos restaurantes finolis, ni un coche caro, ni hoteles de lujo... Lo que realmente cuenta para nosotros es tener tiempo el uno para el otro. Y bajo este principio hemos construido nuestra vida, ¿verdad, Alex?

Alex le da la razón a su novia:

–Sí, así es. Christian, tú dices que para ser feliz, uno tiene que saber lo que quiere. Yo lo formularía al contrario: para ser feliz, uno tiene que saber lo que NO quiere. Yo tengo muy claro de qué puedo y de qué no puedo prescindir. Cosas materiales, éxito, fama, dinero,..., a estas cadenas digo "no gracias". Una cariñosa compañera capaz de ver y disfrutar conmigo las pequeñas cosas de la vida, a esta cadena digo "sí, por favor".

Christian se lo toma de un modo relajado:

–En la variedad está el gusto. Menos mal que las personas somos tan distintas unas de otras, sino, qué aburrido sería el mundo. Me alegro de que os hayáis encontrado. Hacéis muy buena pareja. –En un teatral tono, continúa: –Pero, todavía no hemos preguntado a nuestros invitados de honor, llegados nada menos que desde Asia, y entre los cuales se encuentra el fundador del Club de la Gente Feliz, qué tal les ha ido desde nuestro último encuentro, ¡qué desconsiderado por nuestra parte! Por favor, señor fundador de este venerable círculo de los "reformadores del mundo", infórmenos sobre si usted es más feliz entre peces papagayo en Tailandia que aquí en nuestra adorable Baviera.

Entro en el juego de Christian, y respondo en tono jocoso:

–Muchas gracias por el interés, apreciado miembro del honorable Club de la Gente Feliz. A este humilde servidor y su esposa les ha ido muy bien.

Nos echamos a reír, ya algo achispados por el champán. Recupero un tono normal, y explico:

–Elena y yo tenemos también una novedad que contaros. No es tan importante como los planes de boda de Margit y Walter, pero creo que os va a gustar.

Miro a Elena, y ella capta enseguida mi señal. Saca un libro de su bolso y se lo muestra a todos. En la portada pone: El Club de la Gente Feliz.

Todos observan el libro pasmados. Elena dice:

–Os presento nuestro primer libro, recién salido de la imprenta.

Walter, sentado junto a Elena, coge el libro, lo abre y lee en voz alta las primeras líneas:

Estoy sentado en la cima del monte Geissalphorn y disfruto de las vistas. Hacia el horizonte. Genial.

Me siento bien. Llevo tanto tiempo anhelando esta sensación.

Miro hacia el valle, respiro profunda y tranquilamente, sonrío y pienso: «no he llegado».

La calma reina por un instante. Ojos brillantes, sonrisas llenas de admiración y un enérgico "¡es increíble, habéis escrito nuestra historia!" son las reacciones.

Elena no puede evitar derramar unas lágrimas de alegría. Al fin y al cabo, escribir este libro era su sueño. Y lo hemos hecho realidad juntos.

–Sí, es la historia de nuestro encuentro el año pasado. Y la historia de muchas personas en busca de la felicidad –corroboro.

Mi mujer continúa:

–Y quisiéramos proponeros a vosotros dos, Walter y Margit, una bonita idea que podríais llevar a cabo aquí en Oberstdorf con este libro. Walter, en realidad fuiste tú quien me inspiró esta idea, cuando dijiste que querías ayudar a otras personas. Dijiste que la comunicación y el intercambio de experiencias con otros seres humanos es muy importante, y que querías contagiar a tus huéspedes con tu nueva alegría de vivir. Seguro que ya lo estás consiguiendo. Si bien, ¿qué os parecería usar este libro como una especia de "guía de senderismo hacia la felicidad"? Esta es la idea: ofrecéis a vuestros clientes una experiencia de senderismo muy especial, que podría llamarse, por ejemplo, "caminar hacia la felicidad". A la llegada de vuestros huéspedes, os sentáis comodamente con ellos y les explicáis cómo pueden ser miembros del Club de la Gente Feliz en tan solo cinco días. Pero, por favor, no os vistáis como hippies, o la gente pensará que han caído en una secta.

Al pronunciar estas palabras nos reímos y confirmamos a Elena que la verdad es que la cosa suena un poco rara. No obstante, ella sigue desarrollando su idea tranquilamente.

–Después, en los días siguientes, podríais hacer juntos las caminatas hacia los lugares que aparecen en el libro y que tanta importancia tuvieron para vosotros el año pasado. Por ejemplo, un desayuno en nuestra cafetería preferida, una excursión pasando por los caminos, lagos y cabañas por las que vosotros pasásteis, una tarde en la cervecería o en uno de los acogedores restaurantes en los que tuvísteis vuestras intensas conversaciones.... Y en todos esos sitios podríais leer en voz alta y comentar un capítulo de nuestro libro.

–¡Oh sí! ¡Y el último capítulo podríamos leerlo arriba en la cima del monte! –exclama Walter entusiasmado. No cabe duda de que la idea le fascina.

Margit muestra asímismo que le gusta la sugerencia:

–¡Y al marcharse cada huesped recibe un ejemplar del libro de regalo!

–Dedicado por los autores, ¿verdad? –propone Christian.

–¡Por supuesto! –asiento.

–¡Estoy impaciente por leerlo! ¿Me podéis dar ya un ejemplar? –pregunta Sara.

–Claro, os hemos traído un libro a cada uno –anuncia Elena.

Seguidamente, preparo a mis amigos para la próxima sorpresa:

–Pero eso no es todo lo que os hemos traído hoy.

Como antes, Elena pilla mi señal al vuelo, saca un sobre de su bolso y me lo pasa. Lo abro y extraigo de él cinco billetes de avión.

–¡Elena y yo queremos invitaros a todos a visitarnos en Tailandia! Como veis, ya hemos comprado los billetes. Es decir, que tenéis que aceptar. Hemos pensado que la fecha que os vendría mejor es durante las vacaciones de Navidad. Así que hemos reservado el viaje entre el 24 y el 29 de diciembre. Imagináos: Noche Buena entre palmeras en nuestra casa en las colinas de Khao Lak, y al día siguiente una excursión con nuestro barco a las paradisíacas Islas Similan. Podríamos pasar una o dos noches a bordo, como vosotros prefiráis. ¿Qué os parece?

–¡Pero no tenéis porqué invitarnos! Os va a costar un ojo de la cara –objeta Sara.

–Queremos invitaros, y no hay más que hablar. Nos daríais una gran alegría si aceptáis. ¿Para qué necesita uno cosas bonitas si no las puede compartir con buenos amigos? La pasada temporada en Tailandia nos ha ido muy bien y queremos celebrarlo con vosotros. Bueno, ¿vais a ir?

Asintiendo titubeantemente se miran unos a otros. Christian expresa en voz alta lo que todos están pensando:

–¡Naturalmente que iremos! Me parece una magnífica idea. Seguro que mis padres se van a cabrear bastante porque siempre celebramos la Navidad en familia. Pero lo superarán. Espero.

–Conmigo también podéis contar –dice Alex. Así que, ¡muchísimas gracias de antemano! Nunca he estado en Tailandia y me hace mucha ilusión. Con mi modesto salario en estos momentos no puedo permitirme unas vacaciones como esas. ¡Ni os imagináis qué alegría me dais! A mi familia tampoco le va a hacer gracia que no pasemos la Noche Buena juntos este año. Pero, si os soy sincero, tengo que reconocer que esas aburridas cenas navideñas con parientes nunca me han gustado mucho que digamos. ¿Qué dices tú, Sara?

–Mis padres siempre fingen que las fiestas de Navidad no son importantes para ellos. Sin embargo, sé que se sentirán decepcionados si me voy. Una cosa es lo que se dice, y otra muy distinta lo que se piensa. Les gusta dárselas de distendidos y modernos, pero no lo son en absoluto. Siempre esperan de mí y mis hermanos que les adivinemos los pensamientos y hagamos lo que esperan, mientras que se esfuerzan en aparentar indiferencia. ¡Y, ay de ti si alguna vez no haces justo lo que esperaban! Entonces están ofendidos y rencorosos para una buena temporada. Y un día, cuando menos te lo esperas, te lo echan en cara. En fin, es bastante complicado. Totalmente incomprensible. En cualquier caso, este año no les voy a hacer el favor de entrar en su absurdo juego. Me voy a conceder la libertad de hacer lo que realmente me apetece: ¡me voy con vosotros a Tailandia!

–¡Bien! Espero que no provoquemos conflictos familiares con nuestra invitación. Sé que para la mayoría de la gente las tradiciones son importantes, y lo respeto. Si bien, creo que muchas de esas tradiciones a veces limitan nuestra libertad. Yo pienso que deberíamos ser suficientemente flexibles para poder romper alguna vez con una costumbre, si a uno le apetece, ¿no? –reflexiono en voz alta.

–Estoy totalmente de acuerdo –dice Walter, y añade: –¡Es genial, Margit, podríamos celebrar una exótica boda en

Tailandia! Sería maravilloso casarse en la playa, como en las películas –se alegra Walter.

Margit se levanta, nos abraza a Elena y a mí emocionada y dice:

–Gracias, muchas gracias. Ni en mis sueños hubiera podido imaginarme una boda tan romántica. ¡Qué emocionante! Mi corazón late como un loco.

–Entonces, aquí tenéis vuestros billetes de avión. El 24 de diciembre os recogeremos en el aeropuerto de Phuket – les informo.

La espontaneidad de Elena se apodera de repente de la sala al levantarse, alzar su copa de champán y exclamar:

–Sin duda será una vivencia inolvidable. ¡¡Brindo por la vida!!

Capítulo 19: Destino

24 de diciembre de 2004

El Club de la Gente Feliz ha aterrizado en Phuket. Nuestros cinco huéspedes aparecen entre la muchedumbre de turistas en la zona de llegadas del aeropuerto. Ya han hecho desaparecer los jerseys de invierno o chaquetas en sus mochilas y están adecuadamente vestidos para las veraniegas temperaturas de Phuket. A pesar del largo vuelo, están bastante animados, como no podría ser de otro modo tratándose del Club de la Gente Feliz.

Durante el viaje a Khao Lak en nuestra furgoneta –con la que normalmente recogemos a nuestros clientes en los hoteles para hacer las excursiones en barco– nos ponemos al día. Después de todo, no nos hemos visto desde agosto. En el trayecto también se entremezclan preguntas y comentarios sobre el paisaje, los habitantes de Tailandia, el tiempo... Las primeras impresiones no pueden ser más positivas. Elena y yo nos echamos alguna que otra satisfecha y cómplice mirada. Nos sentimos a gusto en nuestro papel de anfitriones. Es agradable hacer algo bueno para las personas que aprecias.

Al llegar a Khao Lak, vamos directamente a casa, aunque algunos de nuestros amigos están impacientes por ir a la playa. Olvidan esta pequeña desilusión con celeridad, tan

227

pronto como ven la bonita casa de campo en medio de un precioso paraje natural sobre una colina, por encima de Khao Lak. Su asombro es todavía mayor cuando descubren las espléndidas vistas al mar desde nuestra piscina.

Tras dejar las maletas en sus habitaciones, se van todos directos al agua.

Entre los chapoteos y las risas, se escucha una amplia gama de sensaciones de felicidad: «¡qué bien sienta un bañito! ¡Qué maravilla! ¡Qué lugar tan idílico! ¡Qué suerte tenéis! ¡Yo también quiero emigrar! ¿Se puede aplazar el vuelo de regreso?»

Únicamente la sensación navideña no parece estar muy presente en sus corazones, a pesar de que hoy es Noche Buena.

Para celebrar una Noche Buena entre palmeras muy especial, le hemos pedido a Yuna, nuestra hada buena, la cocinera tailandesa que trabaja en nuestro barco, que cocine para nosotros, y que ella y su familia se queden a cenar. Lo hace encantada y, como por arte de magia, crea un colorido y exótico bufé de especialidades tailandesas. Sus hijas nos impresionan con la bellísima decoración de la mesa, a base de orquídeas y artísticas figuras moldeadas con frutas y verduras.

Huele deliciosamente a hierba limón y jengibre, cilantro y albahaca tailandesa, curry y tamarindo, a pescado fresco a la barbacoa con leche de coco, y a muchas exquisiteces más, desconocidas para los paladares europeos. Increíble pero cierto: nadie echa de menos esta noche los típicos platos navideños a los que están acostumbrados.

De hecho, esta Noche Buena no tiene nada de tradicional. El usual recogimiento con que Margit, Walter, Christian, Sara y Alex suelen celebrar esta noche con sus familias, es sustituido por risas. La tranquilidad por divertidas canciones y baileteos. Las usuales discusiones familiares por animadas charlas. La festiva ropa navideña por ligeras prendas veraniegas. Los abetos de Navidad y los belenes por plantas tropicales. El cargado aire que produce la calefacción, por una agradable brisa marina...

Todos están deseando hacer la planeada excursión en barco a las Islas Similan el día siguiente. A pesar de que hemos decidido salir temprano, nos quedamos de fiesta hasta que el cuerpo aguanta, sin mirar el reloj.

Es, simple y llanamente, una noche maravillosa.

25 de diciembre de 2004

No hemos cumplido nuestro propósito de salir temprano. Al final hemos preferido desayunar tranquilamente, hasta que todos se han ido despertando poco a poco. Sobre las 11 h. hemos llegado al barco, donde ya estaba esperándonos la tripulación: Yuna, Lee y Arun. Presento mi equipo a mis amigos.

–A Yuna ya la conocéis. En esta diminuta cocina prepara los platos más ricos que os podáis imaginar. Este es Lee, nuestro capitán. Ha pasado toda su vida en el mar. Antes era timonel de un barco pesquero. Y ahora trabaja con nosotros. Estamos en buenas manos: el mar no tiene secretos para él. Y Arun es un verdadero manitas: domina la técnica del barco y lo mantiene en perfecto estado, limpia los camarotes y el resto del barco, se ocupa del equipo de buceo y de esnórquel y, por si fuera poco, encima es muy servicial y está siempre de buen humor. Podéis dirigiros a él para cualquier cosa que necesitéis. O a mí, por supuesto. Bueno, ¿queréis ver vuestros camarotes?

Tras dejar las bolsas de viaje en las cabinas, nos reencontramos en la cubierta, donde Yuna está sirviendo café y té, mientras el barco está saliendo lentamente del puerto de Khao Lak rumbo al paraíso. El trayecto dura casi tres horas, que cada uno disfruta a su manera: Alex y Sara se tumban en la cubierta a tomar el sol, y gozar de la brisa marina y las vistas. Margit y Elena se acomodan en una de las alargadas y estrechas mesas que hay fijadas al suelo a ambos lados de la parte delantera de la cubierta del barco –con sendos bancos para sentarse, igualmente atornillados al suelo–, y charlan animadamente mientras toman una taza de té. Walter, Christian y yo nos sentamos enfrente y tomamos la primera cerveza tailandesa del día, mientras "arreglamos el mundo".

Sobre las 13 h., Yuna logra entusiasmarnos de nuevo con un típico almuerzo tailandés. Al ver la gran cantidad de platos llenos de aromáticas delicias, algunos no pueden evitar echar un vistazo a la minúscula cocina y menear la cabeza estupefactos.

–Oliver, ¿por favor, puedes preguntarle a Yuna cómo consigue cocinar tan bien con tan escasos medios? Lo que hace esta mujer no es cocinar, ¡es magia! –dice Sara.

Como Yuna solo habla tailandés y yo ya puedo hacerme entender más o menos en su idioma, le traduzco los cumplidos. Da las gracias con una tímida sonrisa y desaparece rápidamente hacia la cocina.

Le explico a Sara y los demás que Yuna en realidad no es una cocinera profesional, sino una ama de casa normal y corriente, y que muchas amas de casa en Tailandia están acostumbradas a alimentar a familias numerosas en casas verdaderamente pequeñas. A lo cual Sara responde que es una lástima que en los países ricos hayamos desaprendido esas cosas porque estamos demasiado mimados por la tecnología moderna y las comodidades de nuestro mundo civilizado.

Conversamos animadamente sobre éste y otros temas durante la comida. Poco después del almuerzo, aparece el perfil de las Islas Similan a lo lejos. Todos salen disparados a buscar sus cámaras de fotos y se van a la cubierta de proa, para no perderse nada. Elena y yo sonreímos relajados. Recordamos lo que sentimos la primera vez que estuvimos aquí. Sabemos lo que están sintiendo ahora nuestros amigos, y nos alegramos por ellos.

–Si ya están tan alucinados, ¿qué dirán cuando nos acerquemos a las islas y vean las cristalinas aguas de color turquesa en la orilla? –pregunto a Elena.

Ella me contesta con otra pregunta:

–¿Te acuerdas de cómo chillaba yo de puro entusiasmo cuando pisé por primera vez esa arena blanca y suave como la harina?

–Y yo no quería salir del agua la primera vez que hicimos esnórquel.

–Sí, recuerdo que estabas arrugado como un garbanzo cuando por fin conseguí pescarte. Y después no parabas de contarnos una y otra vez lo de la tortuga gigante y el banco de calamares que habías visto... ¡Qué pesado te pusiste! Parecías un niño. Nunca te había visto así.

–Y, ¿sabes lo que me encanta? Que no hemos perdido esas sensaciones, a pesar de que venimos aquí con mucha frecuencia. Naturalmente, no reaccionamos de un modo tan apasionado como antes, porque lo que vemos ya no nos sorprende. Mas, la sensación de bienestar ha permanecido.

–Sí, eso es fantástico. ¿Crees que continuará por mucho tiempo?

–Quién sabe lo que nos depara el futuro. No me caliento la cabeza con ello. Simplemente, disfrútalo mientras puedas.

–¡¡¡Qué precioso es esto!!! Casi hemos llegado. ¡Fijáos en el agua, se ve hasta el fondo! –exclama Alex.

Nuestro capitán reduce la potencia del motor diesel del barco y Arun echa el ancla. Nos encontramos frente a la primera isla.

Los pasajeros están impacientes por saltar al agua. Arun reparte las aletas, las gafas de buceo y los tubos para respirar. Exploramos el mundo marino un buen rato.

Mientras tomamos café y plátanos fritos con miel, una hora después, hay mucho que contar. Lee nos lleva entretanto a la siguiente isla. Con un bote neumático nos acercamos a la orilla y paseamos por un romántico sendero a lo largo de la frondosa selva tropical hacia una colina. Nos sentamos en el punto más alto de la isla. Desde allí, admiramos una grandiosa puesta de sol.

–De nuevo juntos en la cima de una montaña –anota Walter.

–¿Qué gritaríais hoy hacia el valle o, mejor dicho, hacia la playa? –pregunta Margit.

Me levanto espontáneamente, miro hacia el océano, y grito:

–¡Tengo buenos amigos y soy feliz!

Walter se deja contagiar y exclama:

–¡Llevo de nuevo las riendas de mi vida y soy feliz!

Entonces, nos imita Margit:

–¡Tengo salud y soy feliz!

La siguiente en gritar es Elena:

–¡Tengo una nueva vida, y soy feliz!

Sara y Alex se levantan juntos. Ella le mira a él y exclama:

–¡Tengo a Alex y soy feliz!

Él la abraza y dice en voz alta:

–¡Tengo a Sara y soy feliz!

Christian es el último en levantarse. Extiende teatralmente los brazos, como un gurú, y lanza un cántico:

–¡Me he comprado un nuevo Porsche y soy feliz!

La ocurrencia de Christian nos hace reír a carcajadas.

Tan pronto como el sol se sumerge enteramente en el mar, oscurece de golpe y volvemos al barco. Durante la cena en la cubierta, conversamos sobre nuestro tema favorito: la felicidad.

–Dime Christian, ¿lo del Porsche ha sido una broma o lo has dicho en serio? –quiere saber Elena, ya que a veces malinterpreta el cínico humor alemán.

–¡Pues claro que lo ha dicho en serio! –se inmiscuye Sara antes de que Christian tenga la oportunidad de contestar.

–¿Por qué crees que podría ser una broma? Para eso trabajo como un loco. Sueño con el momento en que pase lentamente por la calle Maximilianstrasse de Múnich en mi negro y reluciente Porsche 911 descapotable. ¿Encuentras algo criticable en ello?

–No, nada en absoluto, si es importante para ti –replica Elena. Otea a Christian escrutadoramente y le contraataca:

–Pero, ¿lo necesitas realmente?

–¿Qué quieres decir con que si lo necesito realmente?

–Justo lo que oyes. Me gustaría saber si verdaderamente lo necesitas.

–A ver… Necesitar quizás no sea la palabra adecuada. Simplemente, quiero tenerlo. Tan solo por diversión.

–Te he hecho esta pregunta porque me la llevo haciendo a mí misma desde hace muchos años. Cada vez que deseo comprarme algo. Me encuentro, por ejemplo, en una tienda de ropa o de zapatos, con algo bonito en la mano, y entonces me cuestiono: "¿lo necesito realmente?". Me obligo a contestarme sinceramente. Si la respuesta es "sí", me compro la prenda. Pero si es "no", la dejo de nuevo en la estantería. Y me siento aliviada y aligerada al pensar que mi armario en casa no está atestado con cosas innecesarias. No me gusta tener una "vida abarrotada". Necesito espacio, claridad, sencillez. Así me siento libre. Citando a

San Francisco de Asís: *cada día necesito menos cosas y las pocas que necesito, las necesito muy poco.*

–Eso es muy atípico para una mujer –se asombra Walter.

–No siempre he sido así. Hubo un par de acontecimientos que me cambiaron. El primero fue hace ya mucho tiempo, cuando me mudé de España a Alemania. Tuve que reducir mi vida a 30 kilos de equipaje. Me preguntaba cómo podría sobrevivir sin mis miles de libros, CD's, peluches y todos los chismes que tiene una veinteañera. Hasta que me percaté de que realmente no echaba nada de todo ello en falta. Y hace poco, cuando nos mudamos a Tailandia, he vuelto a experimentar lo mismo. Con la diferencia de que, con el paso de los años, el lastre acumulado es mayor. He tenido que dejar atrás muchas más cosas: mi coche, el piso, los muebles, objetos de decoración, regalos de familiares y amigos... Y de nuevo decidí, no arrastrar nada de todo ello, y reducir mi vida a 30 kilos de equipaje. Cuando llegué aquí casi sin nada, sentí una ligereza que de algún modo me liberó. Había espacio para lo nuevo.

Christian no parece muy convencido:

–Vamos a ver, Elena, lo que dices parece razonable. Incluso puede que dentro de unos años yo piense como tú. Pero, la realidad es que soy algo más joven que vosotros. Todavía tengo tiempo para volverme sensato. De momento, tengo otras necesidades. Ahora quiero ir a 200 km/h por la autopista; ya que tenemos la suerte de que en Alemania está permitido, habrá que aprovecharlo, ¿no? Si algún día me doy cuenta de que me siento satisfecho conduciendo a

120, venderé el Porsche. Por otro lado, creo que en tu teoría hay algo que no cuadra. Dices que eso de "no tener nada" te liberó. Sin embargo, aquí os habéis comprado bastante deprisa una casa, una furgoneta e incluso un barco. ¿A eso llamas tú no tener nada? En fin, no veo que seáis tan poco materialistas como afirmas, ¿no crees?

–Christian, tanto si lo crees, como si no, lo que tenemos es justo lo que necesitamos. La casa es nuestro hogar, un techo sobre la cabeza; el viejo barco, nuestro medio de vida, nuestro trabajo; y la furgoneta de segunda mano es necesaria para nuestra movilidad y para llevar a nuestros clientes al barco, es decir, también para trabajar. Pero, si te has fijado en nuestra casa, te habrás dado cuenta de que prácticamente no hay cosas superfluas.

–Vuestro concepto de vida es el conocido principio que llaman *"Simplify your life"* –aporta Sara a la conversación.
–Envidio a la gente capaz de vivir de un modo minimalista. Deberíais ver nuestro piso. Ya ni sabemos donde meter tanto trasto. Libros, revistas viejas, recortes de periódicos, juegos de mesa, figuras de decoración y un sinfín de chismes amontonados por todas partes, incluso sobre las sillas, las mesas y las repisas de las ventanas, ya que no caben en los armarios y estanterías. Cuando limpio el polvo me gustaría tirarlo todo a la basura. Pero no nos atrevemos. Es como si una fuerza mágica nos uniera a esas cosas.

–Esa sensación me resulta familiar. Yo también era así. Solo desde que vivo en Oberstdorf y sé exactamente lo que quiero, he podido dejar atrás algunas cosas –dice Margit.

–Eso mismo nos pasó al mudarnos a Tailandia –me incorporo a la discusión. –Muchas cosas que teníamos antes no le pegan nada a este lugar. En lugar de caros cuadros en las paredes tenemos las vistas al mar... Lo cual no significa que yo no quisiera tener esas cosas bellas si todavía estuviera en Múnich. Christian, te equivocas si piensas que con la edad uno tiene necesariamente que volverse más sensato. La mayoría de conductores de Porsche no son treintañeros con un papá rico como tú, sino más bien gente de más de 40 o incluso 50, porque esa es la edad a la que algunos afortunados se pueden permitir ese lujo. El formularse la pregunta "¿lo necesito realmente?" no es cuestión de sensatez o de la edad, sino de prioridades. Y, si uno tiene claras sus prioridades, entonces sabe exactamente lo que necesita.

–Jovenes, ya hemos filosofado bastante. Yo diría simplemente: vive y deja vivir –es la concluyente opinión de Walter.

Entretanto es media noche. Mientras nosotros charlamos, y las latas vacías de cerveza tailandesa se apilan, me percato de que Lee y Arun están en la cubierta de proa alumbrando el mar con una potente linterna, visiblemente nerviosos.

–Decidme, ¿qué os gustaría hacer mañana? –pregunto al grupo. –¿Queréis pasar un día más en el barco para hacer esnórquel, o preferís volver temprano a Khao Lak?

Tenemos varias opciones. Podríamos visitar un parque natural, por ejemplo, y montar en elefante. ¡Ah! Y mañana es día de mercado. ¿Os apetece ver un colorido mercadillo tailandés?

–Yo tengo ganas de hacer ambas cosas: ir al mercadillo y subir en elefante –contesta Alex. –Podríamos salir temprano para que nos dé tiempo a todo, ¿vale?

Todos se muestran de acuerdo con su propuesta.

–¡Estupendo! Entonces, lo hacemos así. Voy a avisar a Lee de que partimos a las 7 h. Desayunaremos de camino, y sobre las 9 h. estaremos en el puerto de Khao Lak.

–En ese caso, me voy a dormir. Ha sido un día largo e intenso. Estoy agotada –anuncia Margit.

–Sí, nosotros también nos vamos a la cama, ¿verdad, cariño? –le sugiere Sara a su novio.

Él bosteza asintiendo.

Con el comentario «nosotros nos tomamos la última», Christian y Walter se quedan sentados un buen rato más.

Elena y yo les deseamos buenas noches a todos, la cojo de la mano y la llevo hasta la cubierta de proa, donde Lee y Arun todavía están observando el mar. Les pregunto qué ocurre. Lee nos informa de que nunca había visto algo similar:

–Hay especies de peces, de los que únicamente viven en aguas profundas, nadando alrededor del barco, en la superficie. Y antes, cuando estábamos en la isla, observé que también los pájaros se comportaban de un modo extraño. Trinaban histéricamente. Y todavía lo hacen. ¿Podéis oírlos? –dice Lee, mientras señala con la mano hacia la isla, que se encuentra a pocos metros de nosotros.

–Sí, ahora que lo dices, es cierto. Y esos enormes peces tampoco los había visto nunca tan cerca de la orilla. ¿Qué puede significar todo esto? –se asombra Elena.

–No estoy seguro. Me temo que nada bueno. Los animales a menudo perciben cosas que nosotros no podemos intuir.

–Lee, me estás preocupando. ¿De qué estás hablando? –quiero saber.

–¡Si yo lo supiera! Una tempestad, quizás... No obstante, el mar está totalmente en calma y el cielo está lleno de estrellas, no hay ni una nube... Además, si se acercara un temporal, los peces más bien se sumergirían en las profundidades, y no nadarían aquí en aguas tan poco profundas. Tiene que tratarse de algo más inusual.

La expresión del rostro de Lee es muy seria y pensativa. Un halo de horror brilla de pronto en sus desorbitados ojos.

–¡Un maremoto!

–¡¿Cómo?! –exclamo. –Venga ya, no puede ser. El océano está tan tranquilo... No me lo puedo imaginar en absoluto.

Tiene que ser otra cosa. Probablemente haya sido el estridente ruido del motor de algún buque de carga el culpable de que esos peces estén desorientados y se hayan acercado a la costa. Venga, vamos a dormir. Queremos salir hacia Khao Lak a las 7 h. No os calentéis más la cabeza y descansad. Mañana será otro día.

26 de diciembre de 2004

Amanece.

Lee está justo en el mismo lugar donde le dejé la noche anterior. Acecha el océano, totalmente concentrado.

–Buenos días, capitán. ¿Qué haces tan temprano aquí en cubierta?

–Jefe, no vamos a regresar a Khao Lak a las 7 h. Es mejor que nos quedemos en mar abierto.

–¿Por qué?

–Mira, los peces de mar profundo todavía están aquí. Y han llegado muchos más. Ya no tengo ni un atisbo de duda: pronto va a ocurir algo horrible. Mi padre y mi abuelo, ambos marineros, me hablaron hace tiempo sobre una gigantesca ola. Me contaron que, aproximadamente cada 20 años, ocurre algo así. Y me informaron de que donde más protegido está uno en este caso, es en mar abierto, ya que la ola pasa por debajo del barco, si uno conduce frontalmente hacia ella. Bajo ningún concepto deberíamos encontrarnos cerca del puerto o de la playa, cuando la ola llegue. Ahora mismo voy a ponerme en contacto por radiocomunicación con un amigo que es vigilante en el puerto, para pedirle que avise a nuestras familias, y a todo el que pueda... Me va a tomar por loco, porque de momento no hay advertencias oficiales sobre el maremoto, pero le voy a pedir de todos modos que ponga a salvo a nuestras familias, llevándoles a las montañas.

–Lee, ¿estás totalmente seguro?

–Por desgracia, sí.

–De acuerdo, confío en ti. Tú mandas, nos quedamos en alta mar.

Lee pone el motor en marcha y partimos hacia mar abierto. Poco después de las 8 h., cuando estamos todos desayunando, los temores de nuestro capitán se ven confirmados. Lee no cesa ni un instante de observar el horizonte con los prismáticos.

Y, de repente, aparece. Una ola excepcionalmente grande, cuya altura todavía es indefinible.

Me lo comunica sin perder ni un segundo para que yo pueda informar a nuestros pasajeros. Con el fin de no intranquilizar a mis amigos y provocar el caos a bordo antes de tiempo, les había dejado creer que nos dirigíamos hacia tierra firme. En cuanto les pido que regresen a los camarotes y no salgan hasta nuevo aviso, estalla el pánico.

Logro convencerles de que no hay tiempo para explicaciones, y que simplemente tienen que confiar en mí. Todos se meten en sus camarotes.

Corro hacia la cabina de mandos, donde Arun y Elena están junto a Lee. Me coloco al lado de Elena, la rodeo con mi brazo y ella se acurruca en mi pecho. Abrazados, ambos miramos al frente, a la monstruosa ola, que entretanto se puede divisar a simple vista.

Es impresionante la calma con la que actúa nuestro capitán. Acelera hasta alcanzar la velocidad máxima y conduce frontalmente hacia la gigantesca ola. Sabe que debe evitar que la ola golpee el barco lateralmente. Eso supondría nuestra muerte.

Muerte. No puedo evitar que esa palabra se acerque a mi cerebro con la misma velocidad que la monumental pared de agua, que ya tenemos prácticamente encima.

«¡Dios mío, esto no puede estar pasando!», pienso aterrorizado, mientras abrazo a Elena cada vez más fuerte. «En una embarcación más moderna quizás tendríamos alguna posibilidad, pero no en este viejo barco. ¡La ola va a destrozarnos! ¿Es el final? ¿Esto es todo? ¡No puede ser! ¡No, por favor, no puede ser!»

El cuerpo de nuestro capitan está totalmente tenso. La expresión de su rostro, crispada. Arún tiembla y reza en voz baja. Elena se echa a llorar y, temblorosa, me coge la cara con ambas manos, requiriendo toda mi atención. Entre los espasmos del llanto, consigue articular:

–Miráme, amor mío, miráme fijamente. Si esto es el final, quiero que tus ojos sean lo último que veo en la vida. ¡Te quiero, Oliver, te quiero tanto!

–¡Te amo, Elena! ¡Te amo! ¡Te amo! ¡Te amo! –grito desesperadamente, una y otra vez, mientras nos abrazamos y nos besamos atolondradamente en las mejillas, los labios, los ojos,..., el alma.

Y, por un instante, todo desaparece a nuestro alrededor. Ya no existe una ola asesina. Ya no escuchamos el ensordecedor ruido del motor del barco, ni el furioso rugir de la ola. Tan solo estamos ella y yo. Juntos. Más unidos que nunca. Hemos luchado tanto para llegar aquí, que ya nada, absolutamente nada, ni siquiera la muerte, puede separarnos...

Nuestras almas están preparadas para lo que tenga que venir. Pero no la de Lee, quien, con las manos casi sangrantes debido a la fuerza con la que agarra el timón, sabe que tiene que ganarle la batalla a la muerte, para poder reunirse con su familia. Mientras se enfrenta a la descomunal ola, piensa en su mujer y sus hijos, y eso le da la fuerza para luchar. Su experiencia y su instinto le ayudan a tomar las decisiones correctas, y dirigir la destartalada embarcación de frente hacia su destino.

Milagrosamente, Lee lo consigue. El barco "cabalga" sobre la ola y sale airoso. Sin graves daños.

Poco después, todos los miembros del Club de la Gente Feliz, apiñados en la cabina de mandos, escuchan por radio que una gigantesca ola ha arrasado la costa de Khao Lak.

No hemos llegado. Y eso nos ha salvado la vida.

Epílogo

El Club de la Gente Feliz llegó el 26 de diciembre a las 12 h. a la costa de Khao Lak.

Lo que allí vieron y sintieron es difícil de explicar con palabras: destrucción, devastación, escombros de edificios, barcos y coches destrozados y volcados en la playa, palmerales desaparecidos... Y lo más duro, lo más insoportable: personas desvalidas y desorientadas andando de aquí para allá, buscando desesperadamente a sus familiares, ensangrentados heridos y cadáveres, muchos cadáveres. Sufrimiento por doquier.

Durante los primeros días, Khao Lak quedó incomunicada del mundo exterior. Sin teléfono, ni internet. La casa de Oliver y Elena resultó indemne, gracias a su localización en lo alto de una colina. Gran parte de las numerosas familias de Yuna, Lee y Arun sobrevivieron al Tsunami gracias a la advertencia de Lee. Pero perdieron sus hogares. Elena y Oliver no dudaron un instante en acogerles a todos en su casa.

El Club de la Gente Feliz decidió prolongar su estancia en Tailandia para ayudar a la gente. La boda de Margit y Walter, planeada para el día 28 de diciembre, fue aplazada. Tenían cosas más importantes que hacer. Todos trabajaron día y noche, hasta caer extenuados. Pero la situación era demasiado dramática. Su entrega era como una gota de agua en el océano. Necesitaban ayuda del exterior.

Y entonces, ocurrió algo maravilloso: todo el mundo comenzó a hacer donaciones a una cuenta que creó el Club de la Gente Feliz. Dinero que era empleado para ayudar a los damnificados, sin desvíos, sin "desaparecer" a medio camino. La causa desencadenante fue una grandiosa idea de Alex. Tan pronto como la conexión a internet fue restablecida, añadió algo –con el consentimiento de Elena y Oliver– a la página web del libro "El Club de la Gente Feliz" (la cual ya existía en alemán, inglés y español, y tenía muchos seguidores de todas partes del mundo). Bajo el título "El Club de la Gente Feliz sobrevive al Tsunami en Tailandia", publicó las crónicas de los afectados, incluyendo fotos y vídeos. Su meta era recaudar dinero para las víctimas. Cada persona que hiciera una donación, recibiría el ebook de la novela "El Club de la Gente Feliz" gratuitamente. A través de diversas redes sociales se originó una reacción en cadena. Ya tras pocos días después de lanzar su iniciativa, prestigiosos medios de comunicación se pusieron en contacto con Oliver y Elena. La prensa internacional se hizo exhaustivo eco –tanto en los periódicos, como en la radio y en la televisión– de la loable labor que estaba realizando El Club de la Gente Feliz en Tailandia. Los seguidores de su página web aumentaron vertiginosamente. El libro se convirtió en un *bestseller*. Con el dinero, pudieron ayudar a mucha gente.

Cuando la situación mejoró, Walter, Margit, Christian, Sara y Alex regresaron a sus vidas a Alemania. Pero las personas que volvieron no eran las mismas que poco tiempo atrás habían aterrizado en Phuket, dispuestos a disfrutar de unas vacaciones. Llegaron cinco personas. Volvieron cinco seres mucho más humanos.

Oliver y Elena se quedaron unos años más en Khao Lak. Hasta que llegó el momento de un nuevo comienzo.